ÉDOUARD PRAMPAIN

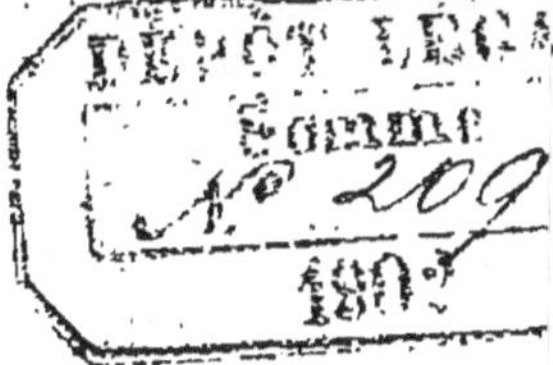

Saint-Malo

Historique

AMIENS

PITEUX FRÈRES, ÉDITEURS

1902

SAINT-MALO HISTORIQUE

ÉDOUARD PRAMPAIN

Saint-Malo Historique

Combien j'ai douce souvenance
Du joli lieu de ma naissance.

CHATEAUBRIAND.

AMIENS

PITEUX FRÈRES, ÉDITEURS
1902

Tous droits réservés.

La ville de Saint-Malo, comme son histoire, est très connue dans l'ensemble, très peu dans les détails.

Ces détails, il est vrai, dispersés en de nombreux volumes et de nombreux manuscrits, obscurcis par la légende, oubliés souvent, n'étaient pas à la portée du grand public.

Réunir en un livre de main, facile à consulter, tout ce qui fera mieux comprendre et mieux aimer notre vieille Cité corsaire ; raconter exactement, sobrement, son présent et son passé, sa naissance et sa croissance, sa vie guerrière, ecclésiastique et municipale, ses rochers, son port et ses grèves, son Château et ses remparts, sa cathédrale et son Insigne Chapitre, ses monuments, ses rues, ses héros, tel est le but de nos simples notices.

Quelques-unes paraîtront peut-être incomplètes. Certes bien des hommes et bien des choses mériteraient de plus amples monographies. Mais l'abondance de la matière, le cadre même de l'ouvrage, imposaient de strictes limites et de justes proportions à l'auteur.

On n'exigera pas de lui plus qu'il n'a voulu donner.

E. P.

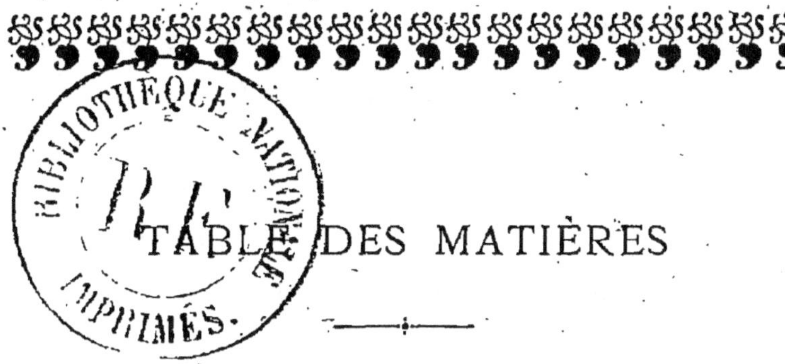

TABLE DES MATIÈRES

CHAPITRE II

LA VILLE MILITAIRE

I

ENCEINTES ET REMPARTS

II

FORTS DE MER

CHAPITRE III

LA VILLE ECCLÉSIASTIQUE

I

LE PASSÉ

II

LE PRÉSENT

INDEX ALPHABÉTIQUE

TABLE

DES

PLANS ET PHOTOGRAVURES [1]

1. Clichés pris spécialement pour l'ouvrage par les éditeurs.

SOURCE DES PLANS, DESSINS ET GRAVURES

Saint-Malo au commencement du XVIIe siècle, reproduction d'une gravure du temps (Bibliothèque nationale, Estampes) ; — *Le Sillon en 1852,* d'après une lithographie de Charpentier (Musée de Saint-Malo) ; — *Plan de la ville de Saint-Malo* (1155-1902), plan moderne sur lequel a été reporté le tracé de la première enceinte d'après un plan manuscrit, intitulé *Ancien Saint-Malo de l'Isle* et daté de 1622 (Archives privées) ; — *Le Ravelin de la Grand'Porte,* photographie d'un dessin au lavis, en possession de M. l'abbé Zinguerlé ; — *Plan de Saint-Malo vers 1700,* gravé d'après un plan de l'époque (Musée de Saint-Malo) ;

Explosion de la Machine infernale, reproduction du tableau de Perrot (Hôtel de Ville, Salle des fêtes)[1].

1. Nous ne garantissons pas l'exactitude absolue des originaux.

Ainsi dans la gravure *Saint-Malo au commencement du* XVIIe *siècle*, les courbes de l'enceinte semblent très exagérées; par contre, dans le plan manuscrit de 1622, les lignes paraissent trop droites. La lithographie Charpentier représente la Croix du Sillon plus haute qu'elle ne l'est en réalité; la légende du *Plan de Saint-Malo vers* 1700 porte une date erronée, 1172 pour 1152; enfin, dans le tableau de Perrot, le Château est fantaisiste. — Aucune retouche n'a été opérée, par respect du document.

Mais, des doutes survenus à la dernière heure nous ont fait écarter un plan curieux, montrant la démolition de la partie Nord du Ravelin mentionnée à la page 54, note 3, car ce plan pourrait n'être qu'un projet. Nous craignons même d'avoir été, dans la note susdite, un peu trop affirmatif.

BIBLIOGRAPHIE

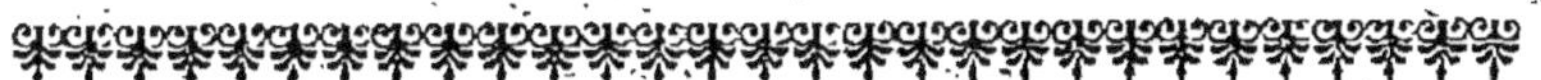

Afin d'éviter l'encombrement des bas de page, déjà surchargés de notes explicatives, nous omettons l'appareil scientifique des références et indiquons ici, une fois pour toutes, les sources documentaires où nous avons puisé.

I

MANUSCRITS

Pièces officielles

Rapports et statistiques. Archives de la Marine, Saint-Servan.

Registres des délibérations de la Communauté, du XVIᵉ *au* XIXᵉ *siècle.* Archives de la ville de Saint-Malo.

Requêtes, arrêtés, édits et ordonnances. Archives de la ville, cartons.

Mémoires et Notes

DESDESERTS (Prêtre), *Origines et antiquités de la ville de Saint-Malo. Ses bombardements et ses accroissements,* 1747. Aux mains de M. E. Herpin.

DEUX BÉNÉDICTINS, *Histoire du monastère de Saint-Benoît, en la ville de Saint-Malo* (sans date). Archives de la ville.

Manet (Abbé), *Grandes Recherches*, passim. Archives de la ville.

Porée du Parc, *Histoire de la seigneurie ecclésiastique de Saint-Malo*, 1709. Archives de la ville.

Divers documents en diverses archives [1].

II

IMPRIMÉS

Livres et Brochures

Argentré (Bertrand d'), *Histoire de Bretagne*, Paris, 1558.

Courson (Aurélien de), *La Bretagne, du Ve au XIIe siècle*, Paris, 1863.

Cunat, *Saint-Malo illustré par ses marins*, Rennes, 1857.

Desjardins, *Géographie de la Gaule*, Paris, 1876.

Donne, *Jacques Cartier*, Québec, 1889.

Floucaud de Fourcroy, *Ports de Saint-Malo et de Saint-Servan*, dans les *Ports maritimes de France*, T. III, Paris, 1878.

Froissart, *Chroniques*, Édition de Kervyn de Lettenhove, T. IX, Bruxelles, 1869.

Frotet de La Landelle, *Mémoires inédits*, publiés sous le titre *Saint-Malo au temps de la Ligue*, par Joüon des Longrais, T. I. (Imprimé à Rennes et non édité.)

---

1. La volonté expresse des propriétaires ou gardiens de ces pièces nous interdit de les désigner autrement.

Gouyon, baron de La Moussaye, *Mémoires*, publiés par Vallée et Parfouru, Paris, 1901.

Guillotin de Corson (Chanoine), *Pouillé historique de l'archevêché de Rennes*, Rennes, 1883-1886.

Hamon, (J.-M.), *Saint-Malo, son passé, ses remparts*, Saint-Malo, 1885.

Harvut, *Saint-Malo, ses rues, ses promenades*, Saint-Malo, 1885.

Herpin (Eugène), *La Côte d'Émeraude*, Rennes, 1894 ; — *La Cathédrale et l'ancien diocèse de Saint-Malo*, Saint-Malo, 1895 ; — *L'Abbé J. M. de La Mennais*, Ploërmel, 1896.

Hervot (Docteur), *La Médecine et les Médecins à l'Hôpital général de Saint-Malo*, Annales de la Société historique de Saint-Malo, 1902.

Jouon des Longrais, *Jacques Cartier. Nouveaux documents*, Paris, 1888.

Kerviler (René), *Armorique et Bretagne*, T. I, Paris, 1893.

La Borderie (Le Moyne de), *Histoire de Bretagne*, T. I, II, III, Paris, 1896-1899 ; — *Bombardement des Anglais contre Saint-Malo*, Nantes, 1885.

Lobineau (Dom), *Histoire de Bretagne*, Rennes, 1707.

Maingard (Comte), *Notice historique et généalogique sur la famille Maingard*, Paris, 1887.

Manet (Abbé), *De l'état ancien et actuel de la baie du Mont-Saint-Michel et de Cancale*, Saint-Malo, 1829; — *Vie de Jean de Châtillon, autrement dit Jean de la*

Grille, Saint-Malo, 1840 ; — *Notice intéressante sur le fatal incendie de Saint-Malo et sur la statue de la Très Sainte Vierge de la Grand'Porte*, Saint-Malo, 1843.

MATHURIN (Abbé), *Dinard Saint-Énogat*, Rennes, 1898.

MICHEL (Président), *Monographie de l'Hôtel-Dieu*, Saint-Malo, 1874.

MORICE (Dom), *Histoire ecclésiastique et civile de Bretagne*, Paris, 1750.

OGÉE, *Dictionnaire de Bretagne*, T. II, Article *Saint-Malo*, Article *Saint-Cast*, Rennes, 1853.

OLLIVIER (R. P.), *Un curé breton au xixᵉ siècle. Vie de M. Huchet*, Paris, 1889.

PARIS-JALLOBERT (Abbé), *Descente des Anglais à Cancale en 1758*, Rennes, 1888.

PLAINE (Dom), *Vie inédite de saint Malo, écrite au ixᵉ siècle par Bili* (texte latin) *avec notes et prolégomènes en français*, Rennes, 1884.

POULAIN (Abbé), *Duguay-Trouin et la Cité corsaire*, Paris, 1882.

ROBIDOU (Bertrand), *Histoire et panorama d'un beau pays*, Dinan, 1852.

SURCOUF (Robert), *Un corsaire malouin, Robert Surcouf*, Paris, 1890.

X..., *Recueil d'Édits sur les privilèges et droits de la ville de Saint-Malo, de 1380 à 1713*, Saint-Malo, 1732.

PLANS ET GRAVURES

Plans et gravures de Saint-Malo, de son enceinte et de ses forts à différentes époques, Bibliothèque nationale, Estampes: *Topographie de la France,* Albums V, a, 67 et V, a, 431. — *Collection Hennin,* T. 68.

Divers plans, gravures et lithographies, Musée de Saint-Malo.

Plan de Saint-Malo en 1720, par Garangeau, Archives de la ville de Saint-Malo.

Plan de Saint-Malo en 1793, Anonyme, Archives de la Ville.

Plan des quais et bassins de Saint-Malo et de Saint-Servan. Extrait de l'*Atlas des ports de France.* Dans le commerce.

Il convient d'ajouter à cette bibliographie les *Cahiers* de M. l'abbé Moy et les *Registres* de M. Charles Maigné, précieux manuscrits, que ces aimables savants nous ont si libéralement communiqués. Nous les prions d'agréer le témoignage de notre reconnaissance.

Nous remercions aussi toutes les personnes qui par leurs renseignements ou leurs conseils ont bien voulu nous aider en ce travail et, très particulièrement, M. le Secrétaire de la Mairie de Saint-Malo, M. le Bibliothécaire de la Ville, MM. les Employés des Ponts-et-Chaussées, MM. les Conservateurs des Archives, dont l'érudition et la gracieuseté ont dirigé ou facilité nos recherches, réveillé ou rectifié nos souvenirs.

SAINT-MALO AU COMMENCEMENT DU XVIIe SIÈCLE

SAINT-MALO HISTORIQUE

INTRODUCTION

VUE GÉNÉRALE DE L'HISTOIRE DE SAINT-MALO.

Vers le milieu du VIe siècle, le pieux ermite Aaron avait construit sa cabane de galets et de joncs marins au sommet du rocher sauvage qui s'élevait en face d'Aleth, l'antique cité gallo-romaine [1].

Or, en ces temps-là, peut-être avant 560, peut-être après, — les dates sont très incertaines à cette époque, — un étranger reçut d'Aaron l'hospitalité et se fit son disciple. Le Gallois Malo [2] venait-il, conduit par un ange, évangéliser nos rivages ? Ici, l'histoire se con-

1. Aujourd'hui Saint-Servan.

2. Malo, Maclow, Maclou, Machut, en latin, Maclovius, Machutus, — né, vers 520, au pays de Gwent, frontières du pays de Galles, actuellement Montmouthshire.

fond avec là légende. Nous savons seulement qu'il prêcha beaucoup et que les habitants d'Aleth, témoins de ses miracles, le choisirent, malgré lui, pour évêque et seigneur (590). Le roi de Domnonée[1], Judaël, ayant ratifié l'élection populaire, Malo dut aller à Tours recevoir du métropolitain la consécration épiscopale.

Dans le bon peuple d'Aleth, il se trouvait des méchants. Malo, persécuté, se réfugia en Saintonge, où il mourut (621). Soixante-quinze ans passés, on rapportait triomphalement ses reliques[2] au rocher de Saint-Aaron, qui sera désormais le rocher de Saint-Malo.

Sur ce rocher, fleuriront une ville et un évêché célèbres.

Pillés sans trève, en leur cité, par les Francs de Charlemagne et par les pirates du Nord[3], les gens d'Aleth émigraient sur le rocher voisin, plus facile à défendre. Cet exode allant grandissant, l'évêque Jean de Châtillon résolut de transférer le siège d'Aleth à

1. Duché, puis royaume, qui comprenait le littoral et le pays situé entre le Couesnon, à l'Est; l'Élorn, à l'Ouest; et la forêt de Brécilien au Sud.

2. Une partie de ses reliques : la tête et un bras. La majeure partie du corps fut transférée momentanément à Aleth, puis à Paris.

3. Les *Sarrazins*, comme le peuple appelait alors indistinctement, en Bretagne, tous les pirates danois, saxons ou normands.

Saint-Malo[1]. Jean eut à vaincre beaucoup d'obstacles (1144-1152). Mais le pape Eugène III lui donna raison, et Conan III, duc de Bretagne, estimant lui-aussi que la place du pasteur est avec son troupeau, reconnut au nouveau siège tous les biens, droits et privilèges accordés jadis à l'ancien.

Telle fut l'origine probable du pouvoir temporel, que, fort ou faible, nos seigneurs évêques conservèrent jusqu'à la Révolution.

Quel était au juste ce pouvoir ?

Exactement le pouvoir féodal du comte en son comté, du baron en sa baronnie.

Haut justicier, l'évêque de Saint-Malo exerce, dans la mouvance de son fief épiscopal, droit de geôle, de pilori et de fourches patibulaires à quatre piliers, droit de rémission et de grâce, droit de nommer juges et officiers de justice.

Seigneur du pays, il édicte les lois, se clôt de murailles, lève matelots et hommes d'armes, équipe navires de commerce et de guerre.

Propriétaire du sol, il perçoit le *neume* ou neuvième sur les biens meubles des mineurs, la totalité des suc-

1. V. *Jean de Châtillon,* chapitre IV, § II.
Sur les ruines désertes d'Aleth, autour de l'abside de l'ancienne cathédrale, se reforma vers la fin du XIIᵉ siècle, un hameau qui se mit sous la protection de saint Servan, apôtre des Orcades. La paroisse Saint-Pierre de La Cité fut longtemps desservie par le Chapitre de Saint-Malo.

cessions en déshérence, droits de lods et ventes, droits de port, de four, d'aunage et d'étalage, droits sur les bouchers forains, droits sur les halles et marchés.

De plus, en vertu de privilèges antiques et maintes fois renouvelés, les terres de l'évêque malouin. sont lieu de *Minihi*[1], c'est-à-dire d'asile, hors le cas de lèse-majesté ; ses vassaux sont exempts de traites et douanes pour blés, vins et marchandises entrant dans la ville ou en sortant ; son port de *Mer bonne* sera longtemps reconnu port franc, afin « d'amener au dit havre navires et biens du dehors. »

D'autres sièges et d'autres évêques possédaient, il est vrai, des privilèges et des droits analogues, sinon tous ces privilèges et tous ces droits. Ce qu'il y avait à Saint-Malo de particulier, c'est que entre l'évêque et le Chapitre existait la co-propriété des droits seigneuriaux. Des revenus de l'évêché, un tiers appartient à l'évêque et les deux autres au Chapitre ; encore le Chapitre finira-t-il par en obtenir les trois quarts. Quant à la juridiction temporelle, si l'évêque est pré-

---

1. Menhic, Minhic, Minihi, signifie monastère. Ce mot vient du breton *man'hac*, moine, et non du latin *Manc hic*, restez ici, comme on l'a prétendu.

Ce droit de *Minihi* daterait de Judaël et de Malo et aurait subsisté jusqu'au XVIᵉ siècle. S'il attira de nombreux criminels à Saint-Malo, il sauva du moins de nombreux proscrits, notamment le jeune Edmond Tudor, comte de Richemont, plus tard Henri VII d'Angleterre, que poursuivait la haine des York (1479).

sent, lui seul l'exerce; elle revient au Chapitre si l'évêque est absent. Cette quasi-indépendance existe même au spirituel; le Chapitre ne doit pas, en tout, obédience à l'évêque [1], et, pour le bien montrer, il s'enferme, silencieux, au chœur, chaque fois qu'un nouvel évêque reçoit à l'obédience le reste du clergé. Que de misérables querelles, que de bruyants procès amènera ce partage des pouvoirs ! Mais, ainsi les choses avaient été réglées, lorsque Jean de Châtillon institua la *Seigneurie commune* et l'*Insigne Chapitre* (1152).

A côté de ce dualisme épiscopal, un troisième pouvoir, un pouvoir civil, allait s'établir.

Malgré la religion sincère et la foi vive des ses habitants, Saint-Malo ne pouvait demeurer toujours ville uniquement ecclésiastique. Le grand mouvement communal s'y fit sentir comme ailleurs et plus qu'ailleurs. Dès l'an 1308, nous constatons l'existence d'une *Commune jurée*, avec ses franchises municipales et commerciales très larges, avec son droit de « garde gardienne », avec ses milices et ses dogues. L'édit

---

1. Il s'agit ici du Chapitre de chanoines réguliers que Jean de Châtillon, chanoine régulier lui-même, institua, après le gain de son procès, pour remplacer les moines de Noirmoutiers.

Le Chapitre séculier qui succéda, en 1319, à ce Chapitre, prétendit hériter de tous ses droits et en jouir. — V. *Pourpris du Chapitre*, Chapitre II, § 1; et *Jean de Châtillon*, Chapitre IV, § 11.

royal de 1513, qui enlevait aux évêques la nomination du Corps de Ville, accrut beaucoup l'importance de la *Communaulé*. Elle aura désormais ses Assemblées du Peuple au Ravelin de la Grand'Porte ou au Jeu de Paume; elle aura Maison commune, cloche en sa tour, un maire et un syndic élus, des notables, des juges consuls, deux baillis des eaux, quatorze compagnies bourgeoises sous quatorze capitaines et un connétable. Elle délibère et légifère, fait règlements de police, de commerce et de navigation, répare et fortifie ses murailles, fond par centaines canons et couleuvrines; elle a ses revenus propres, ses taxes, son trésor. Certes la crosse épiscopale n'est ni brisée, ni méprisée. Respectueusement, arrêts, suppliques et requêtes sont libellés au nom du seigneur évêque; respectueusement, Messieurs du Chapitre sont priés d'assister au Conseil de Ville; mais plus s'éloigne le moyen âge, plus la Communauté marche à l'autonomie.

On croira volontiers que ce gouvernement à trois ne fonctionnait point sans tirage. Les démêlés entre le Chapitre et les évêques à propos des biens communs, de la juridiction temporelle, des privilèges canoniaux, se compliquèrent des démêlés entre la Communauté, les évêques et le Chapitre à propos des assemblées du peuple ou de la présence au chœur du Corps de Ville. Nos archives en sont pleines.

Comment un état si divisé ne périt-il pas ?

Grâce au fait que bourgeois, prélat et chanoines s'unissaient aussitôt que les droits de la cité se trouvaient menacés. Devant l'ennemi de tous, intérêts personnels et rancunes de tous se taisaient. L'amour des Malouins pour l'indépendance accomplissait ce prodige.

A l'amour de l'indépendance qui fait les peuples forts, aux franchises commerciales qui font le négoce prospère, ajoutez la haine invétérée qui armait alors le Breton contre l'Anglais et vous comprendrez l'histoire et la fortune étrange du vieux Saint-Malo : ses luttes avec les ducs, avec les gouverneurs royaux, ses tendances républicaines, son trafic énorme et ses énormes richesses, tant de sièges, de bombardements, de débarquements soutenus et repoussés, tant de générations d'implacables corsaires.

Les « riches ducs » qui manquaient d'argent, ne s'occupaient guère de Saint-Malo que pour extorquer des subsides au Chapitre ou à la Communauté. Aussi l'évêque Josselin de Rohan (1384), l'évêque Robert de La Motte (1392), d'accord avec les chanoines et les bourgeois, repoussent les exigences de Jean V[1] : la seigneurie ecclésiastique de Saint-Malo, déclarent-ils, ne doit l'hommage qu'au pape, *homagium soli papæ*

---

1. Jean V ou Jean IV, selon que l'on reconnaît ou non pour duc le premier Jean de Montfort. Nous disons Jean V avec les Malouins et tous les auteurs modernes.

debetur. Vainement le duc occupe la terre ferme, tient la mer, reconstruit la tour Solidor pour gêner le commerce de Rance. Plutôt que de céder, les Malouins obtiendront du pape de se donner au roi. Mieux valait obéir de loin que de près. Les rois de France furent toujours plus favorables à Saint-Malo que les ducs de Bretagne. Charles VI traita bien la ville et augmenta ses fortifications du célèbre château Gaillard[1]. Mais plus tard, scrupules ou folie, Charles la rendit aux ducs (1415). Et les brouilles recommencèrent : brouille avec Jean VI qui bâtit le donjon pour « brider la mule » ; brouille avec François II qui continue le Château[2] ; brouille avec la duchesse Anne qui le termine « quic en groigne. » Pourtant, les Malouins, très chevaleresques, aimaient fort la « bonne duchesse. »

Il n'y a plus ni duchesse, ni ducs, ni duché de Bretagne : la Bretagne est province française. Dorénavant, l'ennemi des libertés malouines seront les gouverneurs royaux, ces seigneurs étrangers, « plus rois que le roi, » qui se font apporter chaque soir les clefs des portes, qui narguent bourgeois et syndic, narguent les privilèges de la ville et pointent sur elle les canons du Château. Qu'ils veillent à leurs remparts ! Les bourgeois, si le Château les gêne, pourraient bien prendre le Château. C'est ce qui advint,

1. V. *Château-Gaillard*, Chapitre II, § 1.
2. V. *Le Château*, Chapitre II, § 1.

le 11 mars 1590, lorsque Saint-Malo ne voulait être
ni à la Ligue factieuse, ni au Roi huguenot, et que
son gouverneur, le comte de Fontaine, prétendait
livrer la ville au Béarnais[1]. Après ce coup d'éclat, les
habitants se gouvernèrent quatre années par eux-
mêmes, faisant, en leur nom, des traités, le commerce
et la guerre (1590-1594). La *République malouine* ne
prit fin qu'à l'abjuration de Henri IV.

Les Bourbons savaient l'art de gagner à l'unité
royale et nationale les plus fières cités. Henri et ses
successeurs s'assurèrent les services et l'obéissance
de la nôtre en lui envoyant des gouverneurs de son
choix, en respectant ses anciens privilèges, en lui en
octroyant de nouveaux, en dirigeant son activité et
ses armes contre les Anglais, l'adversaire de prédilec-
tion. C'est en combattant l'Angleterre que Saint-Malo
est devenu Français.

Dès le xiiie siècle, en effet, les Malouins aident
Philippe-Auguste à chasser l'Anglais de Normandie
(1204), saint Louis à le « bouter » hors de Saintonge
(1242). Puis, durant la guerre de Cent-Ans, ils suivent
Blois contre Montfort ; en 1378, ils jettent à bas des
brèches les chevaliers de Lancastre[2] ; en 1405, ils
ravagent Yarmouth ; en 1423, ils coulent une flotte
anglaise dans la baie du Mont-Saint-Michel et sauvent

1. V. *Le Château,* Chapitre II, § i.
2. V. *Sièges et bombardements,* Chapitre II, § ii, à la fin.

l'illustre abbaye. Sous Louis XIII, vingt-cinq navires de Saint-Malo contribuent à réduire La Rochelle, alliée de l'Angleterre. Sous Louis XIV, les corsaires malouins sont les premiers corsaires d'une époque où il y en avait tant. De 1688 à 1698, en dix ans, les Porée, les Le Fer, les Jocèt, les Trouin, ont capturé 262 vaisseaux de guerre et 3,380 bâtiments de commerce. Pendant les guerres du XVIIIe siècle, ces exploits continuent avec les Bouvet, les Le Fer encore, les Danycan, les Magon; pendant les guerres de l'Empire, avec les Surcouf, les Niquet, les Debon, les Sauveur.

La course ayant joué dans l'histoire de Saint-Malo un rôle si considérable, quelques aperçus généraux sur la matière ne seront pas déplacés en cette Introduction.

Et d'abord, il faut distinguer la course de la piraterie. Le pirate est un brigand qui vole à main armée sur les grandes routes de la mer ; en paix comme en guerre, il attaque, pille ou rançonne étrangers et nationaux; mis hors la loi par tous les codes, on le pend, aussitôt pris, aux vergues de son navire. Le corsaire est un belligérant, un chef de corps franc sur mer, qui reçoit mission de l'État pour capturer, en temps de guerre, les bâtiments appartenant à l'ennemi ou le favorisant.

Sans doute, la course fut trop souvent, au moyen

âge, ainsi que les guerres privées d'alors, un acte de représailles qu'exerçait une ville, voire un simple particulier, contre quiconque avait lésé son commerce, molesté ses équipages, insulté son pavillon. Mais, à partir du xvᵉ siècle, la police et la diplomatie tendant à remplacer l'action individuelle, les gouvernements s'efforcèrent de restreindre la course à la seule course de guerre. Le blocus du Tage, infligé au roi Jean III de Portugal par l'armateur dieppois Ango, qui vengeait l'injure faite à ses navires, semble bien le dernier épisode de la course de représailles.

Au xviiᵉ siècle, la course de guerre est définitivement organisée en France.

Nul corsaire ne pouvait sortir sans avoir obtenu de l'Amiral[1] une *lettre de marque*, ou commission de course, portant le nom du navire et de son capitaine, le nombre de son équipage et de ses canons. Cette lettre qualifiait pour courir sus au commerce ennemi. Étaient de bonne prise : les bâtiments sans papiers de bord, les bâtiments de l'adversaire, les bâtiments neutres ayant marchandises de ou pour l'adversaire. Permis au corsaire d'arborer différents pavillons, mais

1. De l'Amiral de France. Le titulaire de cette *charge*, — qui n'était pas toujours un marin, — portait seul le nom d'Amiral. Il y avait en plus un vice-amiral du Levant et un vice-amiral du Ponant. Les *grades* supérieurs étaient alors : lieutenant-général des armées navales du roi, et chef d'escadre.

il ne devait pas tirer sous un pavillon autre que le sien. Le navire pris, amariné et conduit en un port français, ne devenait propriété du corsaire qu'après jugement de la cour d'Amirauté[1] déclarant la capture effectuée dans les conditions énumérées ci-dessus. Un cautionnement de 15,000 livres, fourni par le corsaire, répondait des « mal prises ». Jugement favorable rendu, le partage avait lieu comme il suit : un dixième du produit total à l'Amiral ; un tiers du produit restant au « bourgeois », c'est-à-dire au propriétaire du navire ; un tiers à « l'avitailleur », qui a fourni les vivres, poudres et ustensiles ; un tiers à l'équipage, capitaine, officiers et matelots. Si le « bourgeois » était, en même temps, avitailleur et capitaine, il cumulait naturellement les parts. S'il se formait une société corsaire, telle, par exemple, que la Société des Neuf-Directeurs, fondée à Saint-Malo, en 1711, pour l'expédition de Rio-Janeiro, les parts de prise étaient attribuées à chacun des sociétaires au prorata de ses actions. S'il arrivait, ce qui arriva souvent, que le roi louât à des particuliers ou à des sociétés corsaires, les vaisseaux que le mauvais état des finances ne permettait pas d'armer, ces vaisseaux étaient équipés, munitionnés, commandés par des « avitailleurs » et

1. Ancien tribunal établi dans les principaux ports pour connaître de toutes les causes maritimes.

des capitaines corsaires ; le roi, en tant que « bourgeois », percevait son tiers des prises et profits.

Voilà les règlements, établis par Colbert, qui régissaient la course au XVIIe et au XVIIIe siècle, la grande époque des corsaires. Ils ne furent que très peu modifiés, sous la République, par la loi des 31 janvier-1er février 1793 et par les arrêtés du 27 mai 1800, du 28 février 1801 et du 22 mai 1803.

Fructueuse était la course ; mais elle était glorieuse aussi. Car, sans parler des croiseurs et des convoyeurs ennemis qu'il fallait à chaque instant combattre, presque tous les navires de commerce étaient alors munis d'artillerie. Les vaisseaux de la Compagnie anglaise des Indes entre autres, les *Indiamen*, portaient ordinairement de 30 à 50 canons. Et sur ces riches mais redoutables proies, couraient de préférence les corsaires malouins.

Quatre fois les Anglais, pour venger leur commerce anéanti, essayèrent de détruire Saint-Malo, « d'écraser le nid de corsaires ». De 1693 à 1758, deux bombardements et deux descentes eurent peu ou point de succès[1]. Plus tard, croisières et blocus ne réussirent pas mieux. Mouillés dans la baie de La Fresnaye, sous les canons du fort La Latte, nos agiles navires attendaient patiemment une nuit de brouillard ou

V. *Sièges et bombardements*, Chapitre II, § 11.

d'orage, glissaient entre les mailles du filet britannique et sortaient inaperçus.

En cinquante ans de guerre, ils sortirent près de six cents[1].

Ce ne fut pas seulement la course qui enrichit Saint-Malo. Ses hardis négociants faisaient un commerce immense. Ils monopolisaient, sous des noms espagnols, la plupart des échanges avec les colonies fermées du Mexique, du Chili,.du Pérou ; et ce trafic périlleux procurait d'énormes bénéfices. Ils envoyaient pêcher à Terre-Neuve, ils tiraient du Canada les fourrures précieuses, ils allaient dans l'Arabie Heureuse cueillir le café de Moka[2], ils connaissaient, depuis 1601, la route des Grandes Indes.

Tel était le succès de leurs entreprises que la Compagnie française des Indes, obligée par sa triste

1. Sans savoir exactement le nombre des corsaires armés à Saint-Malo sous Louis XIV, on est sûr qu'il dépassa le chiffre de 100.

Or, pendant les guerres de Succession d'Autriche et de Sept-Ans, Saint-Malo arma pour la course 194 navires; pendant la guerre d'Amérique, 72; pendant les guerres de la République et de l'Empire, 129; — nous ne comptons pas les navires de commerce armés « pour la sureté ».

2. En mémoire des expéditions malouines à Moka et des premières importations de ce précieux café en Bretagne, tout le quartier de marais récemment desséchés, situé, en Saint-Malo, près du Chemin-Pavé et du Talard, reçut le nom de *Moka* qu'il conserve encore.

situation financière de céder ses droits et privilèges, choisit de les céder aux seuls Malouins, et que Saint-Malo resta, pendant dix années, le siège de la célèbre Compagnie (1709-1719).

Ce premier quart du XVIIIe siècle marqua pour notre ville le point culminant de la prospérité. Alors Saint-Malo comptait 19,000 âmes, alors ses députés bourgeois ceignaient l'épée aux États de Bretagne, ses corsaires prenaient des capitales, ses armateurs prêtaient à Louis XIV 30 millions de livres, — 150 millions valeur actuelle, — entouraient de magnifiques remparts leur cité agrandie et construisaient en granit les somptueux hôtels qui les dominent. L'or étincelait sur les lambris, l'argent remplissait les coffres. Dans les caves aux doubles étages des rues de Toulouse et d'Orléans, on remuait à la pelle les piastres mexicaines. Et l'opulence débordait au dehors. Les maisons de campagne, les châteaux qui ornent les environs de Saint-Servan : La Verdrie, La Ballue, La Giclais, Lorette, La Baronnie, La Guimerais, La Flourie, ont été bâtis vers cette époque par des Malouins. Grâce à leur attirant voisinage, Aleth, presque abandonnée, se repeupla si bien, qu'en 1789, Saint-Servan, déjà gros faubourg, put former une commune distincte. La fille avait relevé la mère.

Fécond en marins célèbres, Saint-Malo le fut aussi en philosophes, en savants, en littérateurs. A côté de

Jacques Cartier, de Duguay-Trouin, de Mahé de La Bourdonnais, de Robert Surcouf, prennent place Vincent de Gournay, La Mettrie, Maupertuis, Broussais, Chateaubriand, et d'autres dont ces pages diront les noms.

Que de changements depuis ! et quels changements !

De la ville épiscopale, la Révolution a fait une cure de première classe ; de la cité municipale, privilégiée, à demi autonome, un chef-lieu de district, et, plus tard, une sous-préfecture du département d'Ille-et-Vilaine.

De la ville militaire, de la forteresse invincible, la paix a fait une place insignifiante ; du port des corsaires, un port d'armement pour la grande pêche ; d'importation pour les cuirs verts, le charbon, les bois du Nord ; d'exportation pour les volailles, les beurres, les légumes, les fruits ; et une station balnéaire, très fréquentée par les Anglais.

Restent les souvenirs. Si « les choses ont leurs larmes », elles ont aussi leurs fiertés.

CHAPITRE PREMIER

LES ABORDS DE SAINT-MALO

I. — LA MER

LA BAIE

A QUELLE époque remonte exactement l'existence de la baie de Saint-Malo ? On ne le sait pas bien. Tout porte à croire que l'espace recouvert aujourd'hui par elle fit autrefois partie du continent. Des géologues et des ingénieurs en ont dressé des cartes précises : il ne faudrait pas trop s'y fier, car, plus d'une fois, les bornes de ce continent changèrent. Cependant, l'imagination peut se figurer un littoral, semé de bois et de prairies marécageuses, que soutenaient au Nord les falaises des Létruns, des Conchées, de Césembre, des Portes ; que découpaient à l'Ouest deux bras de la Rance. A l'intérieur, séparés par le ruisseau du Routhouan, deux promontoires voisins, le promontoire d'Aleth et le promontoire de Saint-Malo.

Graduellement, lentement, au cours des siècles, la mer inonda ce pays [1]. Ses invasions furent-elles favorisées par des affaissements du sol, par des marées énormes, par des tempêtes ? C'est probable. De fait, les flots submergèrent, du Nord-Est à l'Ouest, les terrains attenant aux roches précitées et creusèrent, au Sud-Est, une baie intérieure s'enfonçant jusqu'au pied des côteaux de Paramé et du mont Saint-Joseph. Émergea seul, au milieu des vagues, un isthme étroit, le *Sillon*, qui rattachait à la terre ferme le rocher de Saint-Malo.

La baie intérieure, en grande partie desséchée, forme actuellement le bassin à flot, le port et l'avant-port.

La baie de Saint-Malo, proprement dite, est limitée par la pointe de La Varde, à l'Est, et par la pointe du Décollé, à l'Ouest. Une longue chaîne d'îlots, épaves du continent disparu, en défend l'entrée : les Létruns, la Grande et la Petite Conchée, Césembre, les Jardins, les Portes, les Cheminées, le Haumet, l'Ile Harbour.

Plus près de la ville, se dresse une seconde ceinture de roches ; l'Islet, les deux Malo, le Grand Bey, le Petit Bey.

Entre ces deux chapelets, s'étend la rade.

---

1. La science moderne n'admet plus la submersion soudaine par la marée de mars 709 ; théorie que D'Argentré, Mabillon, l'abbé Manet, ont successivement répandue et défendue.

LES PASSES

Quatre passes donnent accès dans la rade de Saint-Malo : la *Conchée*, la *Petite Porte*, la *Grande Porte* et le *Décollé*.

En réalité, la *Grande* et la *Petite Porte* ne font qu'une passe, les *Portes* ou la *Grande Passe*.

On croit que jadis la Rance, divisée en deux bras, isolait une île ou delta dont les roches de Bizeux, du Buron, de Harbour étaient l'ossature. L'île disparut sous les flots, le delta devint estuaire ; mais les bras du fleuve conservèrent la profondeur primitive de leur lit et servirent de route aux vaisseaux. La Grande Passe ne serait autre que le bras principal de la Rance ; la passe du Décollé en serait le bras secondaire.

Les Portes, passes centrales, situées entre Césembre et l'Ile Harbour, soigneusement balisées et éclairées, sont les seules praticables de jour et de nuit, à toute heure de la marée : aussi les choisit-on de préférence. La passe de la Conchée, la plus à l'Est, est la plus directe pour les navires venant de Cancale et des îles anglaises ; son chenal se prend entre Césembre et le banc des Beys. La passe du Décollé, la plus à l'Ouest, est la plus directe pour les navires venant de Fréhel ; son chenal suit la côte de Saint-

Lunaire et de Saint-Énogat, depuis la pointe du Décollé jusqu'à la pointe de Dinard.

Ces deux dernières passes, dangereuses de nuit, ne peuvent être franchies qu'en marée pleine ou mi-marée.

LA RADE

Elle se subdivise en *Grande Rade* et *Petite Rade*.
La Grande Rade s'étend entre la Pierre de Rance,
le Petit Bey et les Pierres d'Amourettes. Sa superficie est d'environ 700 mètres de longueur sur 600
mètres de largeur. Sa profondeur, aux basses mers de
vive eau, atteint encore 9 mètres. Abritée par la ceinture de roches qui protège la baie, la Grande Rade est
très sûre, sauf pendant des tempêtes extraordinaires.

Comprise entre la Pierre de Rance et le Rat de la
Mercière, la Petite Rade offre, sur 500 mètres de
longueur et 400 de largeur, des fonds de 5 à 8 mètres
aux plus basses mers.

Il existe, en outre, deux autres mouillages voisins
de Saint-Malo : une excellente rade très profonde,
12 à 8 mètres au minimum, sous la côte de Dinard ;
et la rade de Solidor, en Rance ; cette dernière, étroite,
et n'ayant que des fonds de 4 à 5 mètres aux bas de
morte eau.

La grève qui fait face aux rades de Saint-Malo est
la grève dite de Bon-Secours.

LES GRÈVES

Autour de Saint-Malo, il y a trois grèves : la *Grande Grève* au Nord-Est, la *grève de Malo* au Nord, la *grève de Bon-Secours* à l'Ouest.

Une quatrième a disparu, la *Petite Grève*. C'était les restes plus ou moins vaseux de la grande baie intérieure dont des endiguements successifs avaient fait une sorte d'arrière-port, entre Saint-Servan, les Talards, Rocabey et la chaussée du Sillon. Aux Talards, les cales de construction ; à Rocabey, les grils de radoub, les chantiers ; le long de la Chaussée, les gros sables amoncelés où s'échouaient barques de pêche et caboteurs pour faire « chauffer » et goudronner leur carène. Histoire ancienne que tout cela ! Les bassins à flot couvrent maintenant la Petite Grève.

Nommée ainsi par opposition à la précédente, la *Grande Grève* déroule, sur une longueur de trois kilomètres, son tapis de sable doré où déferlent les lames, tantôt tumultueuses, tantôt caressantes [1].

De la courtine Saint-Thomas à la fin du Sillon, c'est la Grande Grève de Saint-Malo ; de cet endroit à la pointe de Rochebonne, c'est la grève de Rochebonne ou du nouveau Paramé.

1. V. *Les Bains*, Chapitre IV, § 1.

L'anse ou *grève de Malo* commence au Fort la Reine et finit à la tour de Bidouane. Les roches sombres qui l'encadrent, les deux masses de granit, le *Gros* et le *Petit-Malo*, qui s'élèvent au milieu et lui valent son nom, donnent à cette grève un aspect presque sauvage. C'est sur le Gros Malo, disent les uns, sur la chaine de rochers qui joint le Fort la Reine au Fort National, affirment d'autres, que, le 29 novembre 1693, vint échouer et éclater la fameuse machine infernale, ce vaisseau plein de poudre et de bombes lancé contre la ville par les Anglais [1].

Plus riante, s'ouvre, au pied des Petits Murs, en face des Beys, entre la tour de Bidouane et le Môle des Noires, la jolie *grève de Bon-Secours,* ou *Notre-Dame de Bon-Secours,* nom qu'elle reçut sans doute en 1663, lorsque Saint-Malo, après le « Grand Incendie » fut placé sous cette invocation. Le pèlerinage au tombeau de Chateaubriand et l'embarcadère, à mer basse, des bacs de Dinard amènent à la grève de Bon-Secours des visiteurs et des passants nombreux.

Comme nous l'avons indiqué déjà, toutes les grèves sont orientées du Nord à l'Ouest ; le port est au Sud.

1. V. *Sièges et bombardements,* Chapitre II, § II.

LE PORT

On entre de la rade dans le port en doublant le Môle des Noires.

Trop longtemps simple échouage ouvert aux houles du large, le port de Saint-Malo possède aujourd'hui un avant-port, un port de marée et un bassin à flot.

L'*avant-port* est limité par le Môle des Noires, le quai et la cale de Dinan au Nord; par les rochers du Naye et la jetée d'abri au Sud; par les anciennes écluses et le *barrage* ou *passe d'accès* à l'Est. Il offre un abri momentané aux navires qui manquent l'entrée du port intérieur. Les bacs de Dinard y stationnent; les bateaux de plaisance s'y amarrent, le long du Môle. L'avant-port a 7 hectares 30 de superficie.

De l'avant-port, la passe d'accès conduit au port de marée ou d'échouage. Elle est large de 100 mètres, longue de 160. La mer y monte d'environ 10 mètres en grande marée de vive eau et de 5 mètres, au moins, en petite marée de morte eau. C'est dans cette passe que depuis 1873, fonctionne le Pont-Roulant[1].

1. Il y a quelque soixante ans, avant qu'on eût inventé ce Pont-Roulant et construit successivement les quais actuels, la nouvelle route n° 137, la route des Écluses et l'avenue de la Gare, les personnes qui voulaient aller à Saint-Servan, sans faire « le grand tour », avaient pour traverser l'avant-port, le

L'Avant-Port et la Ville en 1902

LE PORT DE MARÉE

Resserré, par la construction du bassin, entre le barrage à l'Ouest, la route des Écluses au Sud, le quai Saint-Louis et le quai Saint-Vincent au Nord, le quai en retour et le quai de l'Écluse à l'Est, le *port de marée*, nous l'avons dit, se prolongeait autrefois vers les digues et les perrés des Talards. Suffisamment vaste encore, — 13 hectares 78, — il reçoit les petits caboteurs, les vapeurs anglais de Southampton, de Jersey et de Guernesey, en un mot tous les navires opérant des mouvements rapides.

Port intérieur et avant-port sont desservis par 1,005 mètres de quais.

port ou la Petite Grève, le choix de plusieurs moyens : à mer haute, les bateaux du Naye; à mer basse, sept sentiers cailloutés munis de ponceaux très étroits. C'étaient, en face la porte de Dinan, le *pont à l'Évêque,* — ainsi nommé parce que tout évêque, à sa première entrée dans sa ville épiscopale devait suivre cette voie ; — le *pont du Naye*, qui existe encore et peut donner, en beau, une idée des autres ; le *pont de la Grand'Porte,* au pied du Ravelin ; le *pont aux Laitières,* le *pont de la Balise;* le *pont de Rocabey* et le *pont du Val,* au fond de la Petite Grève, entre l'Hôpital général et le Grand Talard. Les ponts du Naye, de Rocabey et de la Grand'Porte étaient les plus fréquentés. De ce dernier partaient les fameuses « charrettes bannées », qui, pour trois sols vous conduisaient de l'autre côté du port, à peu près indemnes des éclaboussures de vase et d'eau de mer.

LES QUAIS

Pendant plus de quatre siècles après sa fondation, Saint-Malo n'eut pas de quais. De tous côtés, comme actuellement encore au Nord-Ouest, l'enceinte s'arrêtait à la laisse des hautes mers, et les lames battaient le pied des remparts. En beau temps, les navires venaient s'affourcher devant la Grand'Porte, où des charrettes les déchargeaient à mer basse. D'ordinaire, ils préféraient s'abriter dans l'anse ou port de *Mer bonne*, — emplacement actuel du quartier Saint-Vincent, — sous la tour de la Poissonnerie, la poterne et les murs de la Croix-du-Fief.

Voilà pourquoi les premiers quais construits furent ceux de Mer bonne (1581-1676). Ils consistaient en deux tronçons : l'un, le *Vieux Quai*, perpendiculaire à la tour de la Poissonnerie ; l'autre, entre le Vieux Quai et le Château. D'une largeur d'environ 6 mètres, ils avaient ensemble 135 mètres de long.

En 1683, la Communauté entreprit à ses frais un troisième tronçon au Sud-Ouest de la Grand'Porte. Ce quai, mal aligné, mal bâti, mesurait 115 mètres de long sur 15 de large.

Quand le premier agrandissement de l'enceinte eut fait disparaître le port de Mer bonne, ses deux quais furent remplacés, au devant des nouveaux murs, par un quai allant de la Grand'Porte à la tour du Château, dite la Générale (1713) ; puis, le long du Château, de cette tour à l'entrée du Sillon (1717). Largeur variant de 22 à 17 mètres ; longueur totale 179 mètres.

De 1722 à 1724, le *quai de Dinan* et le *quai Saint-Louis*, présentant, à eux deux, un développement de 250 mètres, mais tous deux fort étroits, achevèrent de border l'avant-port et le port. L'Éperon Saint-Louis faisait brise-lames.

Tel était, d'après Garangeau, l'état des quais de Saint-Malo en 1731. Cet état dura cent ans.

Un siècle use bien des choses ! et, vers 1830, les quais menaçaient ruine. Or, à cette époque, le projet de transformer en bassin le port de marée prenait consistance. Il parut bon de commencer l'œuvre en relevant les quais et en les élargissant (1835-1836).

On s'occupa d'abord d'améliorer et de protéger contre les houles du Nord-Ouest l'avant-port, entrée du bassin futur.

Pendant que le *Môle des Noires* s'amorçait à l'angle du bastion Saint-Philippe, on construisait, depuis ce bastion jusqu'à l'Éperon Saint-Louis, qui fut démoli, le nouveau *quai de Dinan* et la cale du même nom (1838). Ce quai mesure 340 mètres de longueur et 11 mètres de hauteur. Large primitivement de 20 mètres, il s'est ensuite augmenté, à l'Est, de l'esplanade plantée, où la Chambre de Commerce a bâti sa

Bourse[1]. Le Môle ne fut terminé qu'en 1842. Il offre un développement de 275 mètres, des enracinements au musoir, et porte, au bout-rond, une tourelle de feu de port. C'est un brise-lames efficace.

Après le quai de Dinan, on refit les quais du port intérieur : le quai aux Chambres ou quai Saint-Louis, du bastion de ce nom à la Grand'Porte (1839); le quai Saint-Vincent, de la Grand'Porte au commencement du Sillon (1841-1849).

Haut de 10 mètres, long de 277, le *quai Saint-Louis* comprend : sous les remparts, une promenade plantée d'arbres, large de 13 mètres ; en son milieu, une route de 7 mètres, et, de la route au bord, une zone de 18 mètres affectée au dépôt des marchandises. Là, sont établis les bureaux des vapeurs de la Rance ainsi que les halls-abris et magasins de la Compagnie du South-Western.

Lors de sa construction, le *quai Saint-Vincent* comptait 182 mètres. Plus bas que les précédents, il est submersible au plein des marées de vive eau. La douane y installa ses bureaux en 1841. Dernièrement (1882-1885), le quai Saint-Vincent a été raccourci par les travaux du *quai en retour* et du *quai de l'Es-planade*.

1. Le quai de Dinan est maintenant divisé en deux quais par la porte de ce nom. *Quai de Dinan* à l'Ouest; *quai de la Bourse* à l'Est.

C'est durant la visite de l'empereur Napoléon III à Saint-Malo (1858), que fut décidée la construction du *quai Duguay-Trouin,* qui, pour cette cause, porta au début le nom de *quai Napoléon.* Commencé en 1860, terminé en 1864, il va du quai de l'Esplanade à Rocabey, couvrant la Petite Grève et l'ancien chenal sur une longueur de 730 mètres et sur une largeur de 107 mètres, à l'Est de la Chaussée. De ce vaste terre-plein, la partie qui longe le Sillon a fourni le square Chateaubriand, l'emplacement du Casino, de l'Hôtel Franklin, de maisons, de villas ; l'autre partie, située derrière ces bâtiments, possède une route charretière, des magasins, des entrepôts, deux voies ferrées, et forme les quais Nord-Est du bassin.

Désormais, en effet, le quai Duguay-Trouin appartient, non plus au port de marée, mais au bassin à flot.

LE BASSIN A FLOT

Dès 1698, Vauban proposait de créer à Saint-Malo un immense port de refuge. Son plan changeait en bassin à flot la grande baie intérieure au moyen d'une digue, éclusée et fortifiée, allant de l'ouvrage appelé l'Éperon aux rochers du Naye. Saint-Servan devenait un vaste camp retranché.

Malgré deux arrêts du Conseil d'État déclarant formellement que le terrain désigné par Vauban resterait, à l'avenir et pour toujours, un faubourg de Saint-Malo (1698 et 1699), les Malouins repoussèrent énergiquement ce projet. Ils y voyaient la ruine de leur commerce maritime. Les intérêts commerciaux les conseilleront mieux plus tard.

Grandissantes de jour en jour, les vitesses exigées des navires leur imposaient des formes plus allongées, des flancs moins arrondis. Et, pour des navires fins, il était dangereux de rester échoués en pleine charge dans le port de marée. Divers accidents démontraient la nécessité d'un bassin à flot. Mais où l'établirait-on ?

Tantôt on reprenait l'idée première ; tantôt on parlait de construire le bassin au Sud du Grand-Bey (1793 et 1819), puis au Sud-Est de la Grand'Porte (1829). Les habitants de Saint-Servan l'auraient voulu à Solidor. Enfin, les municipalités ayant accepté un bassin commun pour les deux villes, M. Girard de Caudemberg présenta un projet qui ressemblait beaucoup à celui de Vauban (1835).

Le plan Caudemberg comportait la construction du Môle, la réfection et le prolongement des quais; mais principalement l'établissement d'un barrage avec écluse, à sas de 17 mètres de largeur, entre le bastion Saint-Louis et la pointe du Naye. Le bassin aurait 100 hectares. Le devis était de 4 millions. A l'unanimité, les Chambres approuvèrent ce plan (1836) et votèrent un crédit de 4 millions 500,000 francs pour le bassin de Saint-Malo, qui, en 1843, devait « s'ouvrir aux vaisseaux des deux mondes. »

Or, quarante ans après, le bassin avait coûté 20 millions et n'était pas fini.

Que de tatonnements, en effet, durant cette période, que de modifications au programme, que de mécomptes ! Une seule écluse paraît insuffisante; on en demande deux, une petite à côté de la grande; un bassin de 100 hectares paraît démesuré; on demande une digue de réduction et un réservoir intérieur. Ajoutez la violence des courants, une faille imprévue, l'action de la mer sur les ciments et mortiers. En dépit de tant d'obstacles, l'œuvre avançait. Il ne restait plus qu'à barrer la passe, lorsque les Malouins s'opposèrent décidément à la fermeture de leur port d'échouage; ils voulaient entrer et sortir à volonté. Les armateurs de Saint-Servan réclamèrent alors un bassin séparé (1864-1866).

Finalement, le système du chacun chez soi, du chacun pour soi, l'emporta. Chaque ville eut son bassin particulier et son écluse : celle de Saint-Servan à droite, celle de Saint-Malo à gauche du port de marée (1885). Inutiles et abandonnées, les dispendieuses écluses du Naye montrent encore aujourd'hui leurs bajoyers béants. Ne pourrait-on les utiliser comme formes de radoub ?

Le bassin à flot de Saint-Malo possède une superficie de 15 hectares 60 et 2,080 mètres de quais verticaux : *quai de l'Esplanade, quai Duguay-Trouin, quai du Sud, quai des Talards.* Sa profondeur d'eau varie de 6 mètres 50 à 7 mètres 50. On écluse les navires deux heures avant et deux heures après le plein.

Plus spécialement, le quai Duguay-Trouin, ou quai du Nord, est affecté aux blés ; le quai du Sud, aux charbons ; le quai des Talards, aux bois du Nord.

Au Talard, se trouvent aussi les cales de construction : cale de Rocabey, cale du Petit Talard, cale de Moka.

II. — LA TERRE

—

LES TALARDS

L'origine du mot Talard est incertaine et discutée. Vient-elle de *tellus arata,* terre labourée, ou de *frontale arvum,* front de champ, premier sillon des terres labourables ? Ces étymologies nous semblent douteuses. Mais nous avouons humblement n'en pas connaître d'autres.

Quoi qu'il en soit, le Talard ou plutôt les Talards, — car il y en a deux, le Petit et le Grand, — formèrent, durant des siècles, une sorte d'île dans la baie intérieure de Saint-Malo.

Des endiguements, des asséchements laborieux, reprirent peu à peu sur la mer la partie Sud-Est des terres inondées. En 1374, la première chaussée du Routhouan fut construite. Les travaux exécutés de 1583 à 1715 relièrent l'îlot des Talards au Sillon et à Saint-Servan, regagnèrent le Grand et le Petit Marais[1], l'emplacement du cimetière actuel et la *Promenade-Verte* ou *Chemin-Pavé.* Chasles et Rocabey demeuraient à l'état de marécages. Enfin, la digue de Rocabey conquit le quartier de ce nom ; la digue

1. Le quartier *Moka,* v. p. 16, note.

du Val, les grèves de Chasles et la nouvelle route nationale n° 137 de Bordeaux à Saint-Malo (1844). De nos jours, on irrigue, on comble encore. La bataille aura duré cinq cents ans.

Avec l'autorisation du Chapitre, s'éleva d'abord au Grand Talard, en 1583, lors de la peste, le nouveau *Sanitat*[1]; puis, avec l'autorisation du roi, en 1706, le magasin à poudre[2], puis, vers cette même époque, l'arsenal de la marine[3]. Outre ces bâtiments, des corderies, deux moulins, de maigres fermes, furent longtemps les seules habitations des Talards.

Combien tout diffère aujourd'hui ! La gare du chemin de fer, environnée d'hôtels, de magasins, de bazars, anime ces plaines jadis si tristes, si désertes. La grève de Chasles est un champ de courses; Rocabey montre une vaste caserne et une belle église. Partout les terrains se nivellent, partout des villas se bâtissent. Faubourg naissant qui joindra bientôt la ville même.

Un tramway à vapeur fait déjà communiquer Saint-Servan, les Talards et Saint-Malo.

1. Sur l'emplacement actuel de la corderie Thébaut. On retrouve encore quelques restes des anciens bâtiments et de la Chapelle Saint-Roch. — Cet hôpital de Pestiférés, extra-muros, remplaçait le Sanitat urbain, abandonné.

2. Il sauta le 19 juin 1830. Un magasin à poudre civil existe aujourd'hui presque au même endroit.

3. Actuellement caserne d'artillerie et manutention du Talard.

LES MIELLES

La route qui va de Saint-Servan à Saint-Malo par la terre ferme traverse les anciennes grèves des Talards ; celle qui vient de Paramé traverse les anciennes *Mielles*.

Dunes de sable couvertes de plantes graminées, de genêts, de chardons bleutés et d'ajoncs, ces *Mielles* ou *Niels* s'étendaient entre la baie intérieure et la grande mer, depuis les coteaux de Paramé jusqu'à la chaussée du Sillon. Leur superficie était considérable. En 1778, le maréchal de Broglie y fit camper 11,000 hommes, destinés à l'invasion de Jersey.

En Paramé, à deux cents mètres environ de la Croix de Mi-Grève [1], un monticule, appelé *Hoguette*, dominait les mamelons voisins. Tout près, s'ouvrait jadis un petit port assez fréquenté. Sur le monticule, la seigneurie du Plessis-Bertrand dressa plus tard ses bois patibulaires. La Révolution de 1789 les abattit ;

---

1. Cette croix marquait les limites entre la Seigneurie ecclésiastique de Saint-Malo et la Seigneurie du Plessis-Bertrand. Réédifiée dernièrement, en son lieu primitif, par les soins de M. Maigné, elle s'élève sur la digue de Rochebonne, entre la *villa Thermidor* et la *villa des Vagues*. Le socle porte encore des armoiries très frustes : d'un côté, l'aigle à deux têtes, — qui est Du Guesclin et Plessis-Bertrand ; de l'autre, le navire d'or, — qui est du Chapitre.

et, après la Révolution de 1830, un grand banquet patriotique eut lieu à cet endroit [1]. Artilleurs, soldats de ligne, gardes nationaux, fraternisèrent sur les ruines de la justice féodale.

Non loin de la Hoguette, dans l'Ouest, une butte artificielle évoquait de plus joyeux souvenirs. C'était *La Redoute*, mauvais fortin délabré, que la jeunesse malouine choisissait volontiers pour lieu de ses ébats. La place où La Redoute s'élevait naguère conserve encore ce nom.

Hoguette et Redoute ont disparu. Il y a quelque trente ans, la spéculation s'avisa de transformer les sables en terrains à bâtir. Une digue puissante soutint partout la dune que minait chaque marée. D'élégants chalets, de somptueuses villas, un casino monumental, bordent maintenant la digue de Rochebonne et les avenues voisines.

De ces pauvres Mielles où notre enfance venait cueillir la pâquerette blanche et la fleur d'or du génêt, rien ne subsiste aujourd'hui.

1. Le jour de « la fête du roi », 1er mai 1831.

LE SILLON

Primitivement, c'était une suite de dunes, isthme sablonneux, unissant aux Mielles et à la terre ferme le rocher de Saint-Malo. Larges et hautes en avant de la porte Saint-Thomas, ces dunes s'allongeaient bientôt si basses et si minces à travers les grèves, qu'on eût dit vraiment un *sillon* au milieu d'un champ. La mer rongeait l'isthme sans cesse et le couvrait souvent en marée de vive eau.

Une première chaussée artificielle y fut construite en 1509. Étroite, et rétrécie encore de place en place par les moulins qui la jalonnaient, elle ne commençait qu'au delà du Château, de sorte que pour l'atteindre, il fallait, par la porte Saint-Thomas, descendre sur la grève, profiter du reflux et contourner toute la forteresse. Cela n'était pas commode et cela dura fort longtemps. De 1588 à 1589, la Communauté fit, il est vrai, établir, le long des murailles septentrionales du Château, une jetée qui permit de sortir de la ville et d'y entrer quel que fut l'état de la mer. Mais la construction de La Galère, en détruisant cette jetée, obligea les habitants de passer, à nouveau, par la grève. Pendant le bombardement de 1693, on dut attendre la marée basse pour « mettre hors des murs » les femmes et les enfants. Définitivement, enfin, le quai longeant le côté Sud du Château, de la porte Saint-Vincent à l'entrée du Sillon, assura les communications entre la ville et la terre (1717).

En 1733, la grande marée d'équinoxe ayant bouleversé la Chaussée, elle fut entièrement rebâtie en granit jusqu'au quai Saint-Vincent. En 1794, elle fut pavée, partie en dalles pour les piétons, partie en cubes de grès pour les voitures. Quelqu'un l'a poétiquement définie : un « cable de granit », long de 600 mètres, large de 13.

La défense du Sillon, seul accès de Saint-Malo par la terre, préoccupa constamment les ingénieurs de toutes époques. Dès 1395, les deux tours d'entrée du château Gaillard en battaient les approches. Plus tard, les canons du Château l'enfilèrent de bout en bout et ceux du Fort Royal le prirent d'écharpe. En 1698, on éleva, près de la ville, en avant de la cale du Château, le petit fort de Thiange [1] dont les deux batteries resserraient la Chaussée, à droite et à gauche, et la balayaient. En 1708, le rempart et la Grande Batterie

---

1. A l'endroit où se trouve aujourd'hui l'établissement de bains chauds qui a remplacé notre premier Casino.

C'était un ouvrage avec parapet, fossé et palissades ; il reçut le nom de Claude-Philibert Damas, marquis de Thiange, lieutenant général des armées du roi et gouverneur de Saint-Malo.

Dans notre enfance, deux embrasures de la batterie de gauche subsistaient encore près de la Forge.

Saint-Vincent achevèrent de rendre le Sillon inabordable à l'ennemi[1].

La paix fit du Sillon la promenade favorite des Malouins.

Il y a quelque trente ans, quand la mer « ne sautait pas » les dames, curieuses d'examiner à loisir et de juger les passants, venaient s'asseoir sur le banc de pierre adossé au parapet du Nord. De là, le nom de *Banc de critique*, que ce banc portait autrefois.

Depuis la construction du quai Duguay-Trouin et des bassins à flot, le Sillon a bien changé d'aspect. Le square Chateaubriand, le nouveau Casino, l'hôtel Franklin, les villas lui ont enlevé son aspect original.

Il lui reste pourtant deux vieux souvenirs : deux croix, l'une à son entrée, l'autre à son extrémité. La première, la croix de granit, en face du Casino actuel, rappelle le pieux épiscopat de Mgr Joseph des Laurents, qui la fit ériger (1767-1768) ; la seconde, la croix du Calvaire[2], rappelle, en même temps que la piété des Malouins, la fin tragique de ce prélat. Mgr des Laurents revenait de l'Assemblée du Clergé,

1. En fait, après la construction du château Gaillard et du Château, aucune attaque sérieuse ne se produisit de ce côté.

2. Élevée aussi sous l'épiscopat de Mgr des Laurents (1774). Abattue par la Révolution, rétablie en bois dans la suite, elle est aujourd'hui remplacée par un magnifique Calvaire de fer et de granit.

tenue à Paris en 1785. Lorsqu'il aperçut le Calvaire, il descendit de voiture et s'agenouilla en murmurant : « O mon cher Saint-Malo, je te revois donc encore une fois ! » Cette fois était la dernière : on le releva mort, frappé d'apoplexie.

Le Sillon en 1852

CHAPITRE II

LA VILLE MILITAIRE

I. — *ENCEINTES ET REMPARTS*

—

LA PREMIÈRE ENCEINTE

En l'an de grâce 1155, le seigneur évêque, Jean de Châtillon, entreprit d'entourer de remparts sa ville épiscopale. Saint-Malo lui doit une première enceinte continue. Nous disons continue, car il exista sans doute auparavant quelques travaux partiels de fortification, fossés, murs en pierres sèches ou palissades, aux abords de l'église et aux endroits les plus accessibles du rocher.

L'enceinte de Jean de Châtillon enveloppait une superficie de trente-trois journaux, environ 16 hectares. Construite sans plan bien défini, elle suivait au hasard les rampes, les pentes et les sinuosités du « terrain haut ».

Muraille de moellons mal appareillés, inégale de

hauteur et de force, garnie de créneaux, couronnée de mâchicoulis, d'échauguettes et de... latrines en encorbellement, renforcée, à différentes époques, de tours nombreuses, — tour *Carrée* [1], tour du *Donjon* [2], tour *Saint-Thomas* [3], tour de la *Cloche* [4], tour *Notre-Dame* [5], tour des *Moulins-Collin* [6], tour *Battue* [7], tour *Mouillée* [8], tour des *Cordiers* [9], tours de la *Grand'Porte* [10], tour de la *Poissonnerie* [11], — tel fut, pendant trois siècles, l'aspect étrange de cette enceinte.

1. Subsiste en partie, accolée au flanc Sud-Est de la tour du Château, La Générale.

2. C'est la tour coiffée d'une poivrière qui s'élève à gauche de La Quic-en-groigne, du côté des Bains. Elle est appelée aujourd'hui *Petit Donjon* par opposition au *Gros Donjon* du Château.

3. Non loin de l'ancienne chapelle Saint-Thomas, derrière le Café continental actuel.

4. Sur le rocher de Bidouane. Portait la cloche d'alarme; fut remplacée par la tour de Bidouane.

5. Existe encore. On y a ouvert la porte des Beys.

6. A l'angle Sud-Ouest de La Hollande. Prit le nom de *tour de la Cloche* lorsqu'on y mit la cloche d'alarme.

7. Derrière la maison Jallobert, n° 17 de la rue de Toulouse actuelle.

8. Au coin des rues d'Asfeld et de Toulouse, sur l'emplacement de la maison Lemoine. Isolée du rempart, la mer en baignait le pied à chaque marée.

9. Rue de ce nom, près de la Halle.

10. Défendaient cette porte.

11. Carrefour de La Croix du Fief, vers la gauche, en montant la rue Saint-Vincent.

Voyons quel était alors son pourtour.

Sa ligne partait de la tour Nord de la Grand'Porte, longeait, par la place Jacques Cartier, la Poissonnerie, la Croix du Fief et la rue Jean de Châtillon, l'anse et le port de Mer bonne ; puis coudant à l'Est, allait, par la rue Garangeau, rejoindre la tour Carrée. Une courtine que perçait au centre la première porte Saint-Thomas, reliait la tour Carrée à la tour du Donjon. Cette courtine et ces deux tours constituèrent long-temps la défense de la ville, du côté du Sillon.

De la tour du Donjon, le mur d'enceinte filait au dos des maisons de la rue Chateaubriand, gagnait la Cour La Houssaye, escaladait les hauteurs du Fort La Reine, les rochers de Bidouane, passait devant les Champs-Vauvert, devant l'Hôtel-Dieu, et arrivait au bas des escaliers de La Hollande.

A cet endroit, tournant brusquement au Sud, il couvrait le côté Sud de la rue d'Estrées, côtoyait la rue des Vieux-Remparts, mais, en avant, vers la mer, touchait l'extrémité Sud-Est des rues de la Fosse et de La Mettrie, enfin, suivant la rue des Cordiers, allait rejoindre la tour Sud de la Grand'Porte, au point où se trouve actuellement la Pompe [1].

Bien auparavant les grands *accroissements* du xviiie siècle, l'enceinte que nous venons de décrire subit

1. V. le plan de Saint-Malo (1155-1902), p. 58.

plusieurs fois des remaniements. Elle s'augmenta aussi de défenses nouvelles.

Si la construction du château Gaillard [1] (1395) fortifia l'enceinte sans en modifier notablement les contours, la construction du Château ducal [2] y apporta des changements considérables. Quand cette énorme citadelle eut englobé la tour Carrée, la porte Saint-Thomas, sa courtine et le Petit Donjon, les remparts de la ville vinrent se rattacher, au Sud, à la tour La Générale ; au Nord, à la tour Quic-en-groigne [3], et il fallut ouvrir une *autre porte Saint-Thomas,* la deuxième (1500).

Puis voici que devenue française, la cité malouine va sentir le contre-coup des guerres françaises. Chacune d'elles, guerre civile ou guerre étrangère, ajoutera une tour, un ravelin, un bastion à la vieille enceinte.

Les guerres de religion sont déchaînées. L'Angleterre est l'alliée des Huguenots ; l'Espagne, des Catholiques. Pour l'une et l'autre de ces puissances, de quel prix serait la possession d'un port tel que Saint-Malo ! La Communauté s'inquiète. Ordre de construire, à l'Ouest, le *Cavalier des Champs-Vauvert* [4]

---

1. V. le *château Gaillard,* même chapitre.
2. V. *Le Château,* même chapitre.
3. V. l'origine de ce nom à l'article *Le Château.*
4. Existe encore, derrière la Poudrière ou tour de Bidouane. Ainsi que l'indique une date gravée sur la pierre, son échauguette ne fut bâtie qu'en 1654. — Cet ouvrage triangulaire était

(1564); ordre de réparer partout les murailles (1565). Trop faibles étaient les tours de la Grand'Porte; on les remplace par ces tours formidables qui nous étonnent aujourd'hui (1582-1583). Un peu plus tard, afin de rester libre entre Royaux et Ligueurs, la République malouine fortifie de nouveau ses remparts : en 1590, s'élève *l'Arsenal*[1] ; en 1591, la tour *La Moussaye*[2].

Finie chez nous, la guerre religieuse se transforma en guerre politique contre l'Espagne, sous Henri IV, sous Richelieu, sous Mazarin. Attendu que depuis la Ligue, les vaisseaux espagnols savaient trop bien la route des côtes bretonnes, Saint-Malo ne cessa

armé de huit couleuvrines, dont quatre battaient le Nord; et quatre, l'entrée de la Rance.

Entre le Cavalier et les remparts, se trouve le Parc à boulets, vide à présent, où s'entassaient jadis, en pyramides, boulets ronds, bombes et obus de tout calibre.

1. A l'intérieur du Cavalier. Sert maintenant d'atelier de dérouillage pour les armes de la garnison.

2. En 1591, Gouyon ou Goyon, baron de La Moussaye, zélé partisan de Henri IV, se rendait de Jersey en son château de La Roche-Goyon, depuis fort La Latte. Chassé par un corsaire de Saint-Malo, il vint donner dans le port, fut « traité honnêtement » mais enfermé au Château et contraint de payer une rançon de 12,000 écus. Avec cette somme, on construisit la tour *La Moussaye*.

A quel endroit ? Mystère jusqu'à ce jour. La Landelle dit près de la Fosse aux Dinanais; l'abbé Manet, au lieu et place de la tour Mouillée.

d'accroître ses moyens de défense. Une mauvaise tour, la tour Mouillée, fermait à peu près seule l'entrée du port : l'*Éperon*[1] la couvrit (1598-1599); la tour Battue et la poterne Brevet étaient mal protégées : devant elles, un fort ou demi-lune s'éleva sur l'îlot de *La Croix des Ardrillés*[2] (1602). Ensuite furent construits le *Ravelin*[3], pour masquer la Grand'Porte

1. Forte maçonnerie triangulaire, en même temps, brise-lames et bastion. Armé de onze canons, l'*Éperon* battait d'un côté la passe du Naye et de l'autre l'accès de la Grand'Porte. — Situé au croisement des rues actuelles d'Asfeld et de Toulouse, ce premier Éperon disparut lors du deuxième accroissement (1714). Il fut remplacé par un autre Éperon, en forme de fer à cheval allongé, dit l'*Éperon Saint-Louis*, parce qu'il commençait à l'angle Sud-Est du bastion de ce nom.

2. Ce fort de La Croix des Ardrillés était aussi appelé *Fort Collifichet*, par corruption du nom de Collichet, sieur du Portail, qui contribua à son érection. Il était situé en face le n° 17 de la rue de Toulouse actuelle.

Les corsaires en sortant du port saluaient de leurs canons le Fort Collifichet.

3. Bastion massif, qui, bâti devant la Grand'Porte, en interdisait l'attaque et les vues directes. De son flanc Nord, une haute voûte conduisait, par une pente assez raide, à la cour intérieure du Ravelin, puis à la Grand'Porte elle-même. Dans cette cour intérieure, se trouvait, au Sud, une vaste salle qui servit autrefois de local aux Assemblées du peuple, ensuite à la Bourse du Commerce.

Vers 1825, la partie Nord du Ravelin fut abattue, et une cale, la *cale aux huîtres*, monta verticalement de la grève à la Grand'Porte. La reconstruction du quai Saint-Louis (1830) fit disparaître ce qui restait du Ravelin.

(1644), et la tour de *Bidouane* [1] pour doubler les feux du Cavalier (1652).

Mais ni les couleuvrines des Champs-Vauvert, ni les canons de Bidouane, ne suffirent plus à défendre nos passes quand la guerre de Hollande menaça d'y amener les flottes de Ruyter.

D'ailleurs les murailles de l'Ouest s'écroulaient. Un grave éboulement venait de se produire à la plate-forme des Moulins-Collin (1674). Alors M. le duc de Chaulnes, gouverneur de Bretagne, ordonna le relèvement des remparts, depuis la tour de Bidouane jusqu'à la susdite plate-forme où il fit élever un gros bastion, — *La Hollande* [2], — destiné à canonner la rade (1674).

Ruyter ne parut pas. Mais dix-neuf ans après cette alarme, apparut la flotte anglaise. Et le bombardement de 1693 démontra la faiblesse de l'enceinte sur un autre point, sur le front Nord. On s'empressa d'y construire le *Fort La Reine* [3] (1694).

Les quatre accroissements, dont nous parlerons

---

1. Remplaça sur les rochers de ce nom la vieille tour de la Cloche. Après l'explosion de la tour La Moussaye (1628) et la démolition de la tour de la Cloche, les poudres furent transférées à Bidouane qui resta *la Poudrière* jusqu'en 1889. — V. *Les Remparts*, même chapitre.

2. V. *Les Remparts*.

3. Ou *Fort à la Reine*. — V. *Les Remparts*.

plus loin, abattirent à l'Est, au Sud et au Nord, les murs de la première enceinte (1708-1737).

Pourtant, de ces parties abattues, on retrouve encore çà et là quelques débris : au Nord, à droite de la poterne qui fait communiquer la rue Mahé de La Bourdonnais avec le Fort La Reine ; au Sud, derrière la rue d'Estrées, notamment dans le jardin de la maison Lala.

Quant au front occidental, nous verrons, en consultant le plan ci-contre, qu'il conserve le tracé, sinon les murailles intactes, de l'enceinte bâtie par Jean de Châtillon.

PLAN DE SAINT-MALO

ENCEINTES ET ACCROISSEMENTS

1155-1902

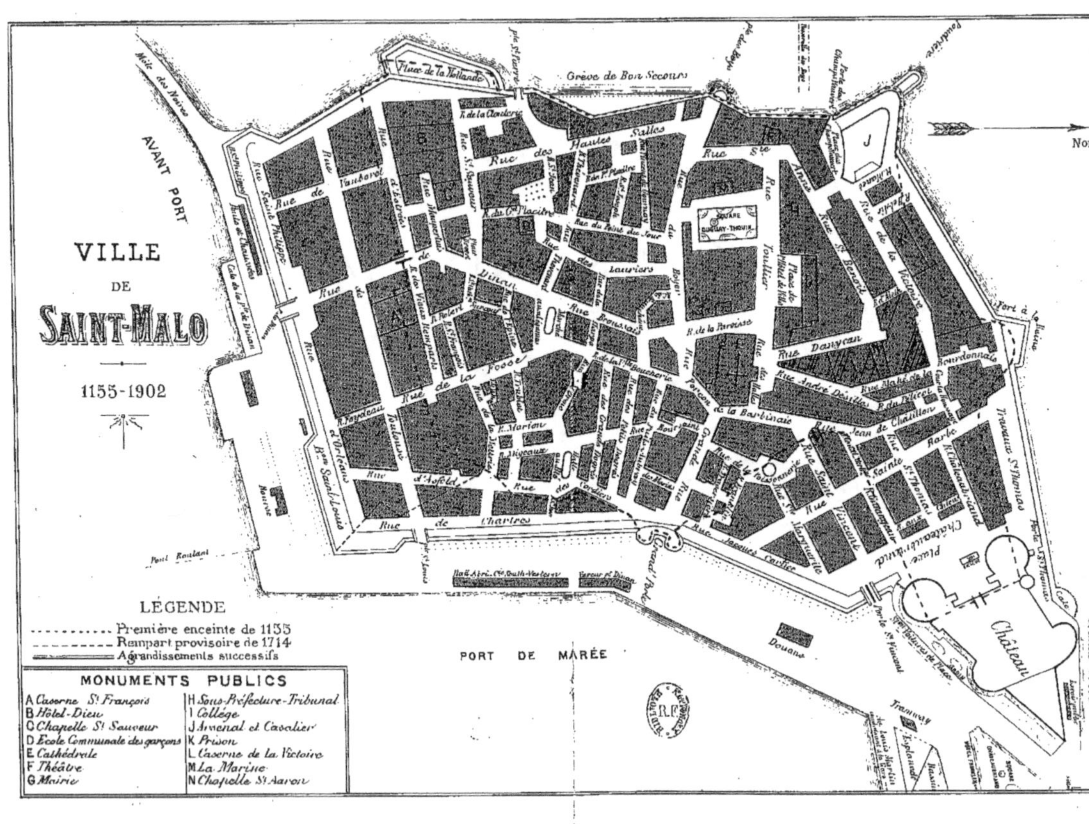
VILLE
DE
SAINT-MALO
1155-1902
AVANT PORT
Môle des Noires
Grève de Bon Secours
Place de la Hollande
Nord
J
Rue des Hautes Salles
Rue Ste Anne
Rue de Vauborel
Rue Toullier
Rue de la Victoire
Rue Dinan
Square Duguay-Trouin
Rue Danycan
Rue de la Fosse
R. de la Paroisse
Rue de Chartres
Rue d'Asfeld
Rue des
Port Roulant
Rue St-Louis
Douane
PORT DE MARÉE
Château
LÉGENDE
Première enceinte de 1155
Rempart provisoire de 1714
Agrandissements successifs
MONUMENTS PUBLICS
A Caserne St François   H Sous-Préfecture-Tribunal
B Hôtel-Dieu   I Collège
C Chapelle St Sauveur   J Arsenal et Cavalier
D École Communale des garçons K Prison
E Cathédrale   L Caserne de la Victoire
F Théâtre   M La Marine
G Mairie   N Chapelle St Aaron

ANCIENNES PORTES ET POTERNES

La *Grand'Porte* et la *porte Saint-Thomas*, la porte de mer et la porte de terre, furent les plus anciennes portes de Saint-Malo.

On arrivait à la Grand'Porte, soit en bateau avec la marée, soit de mer basse à travers les grèves[1]. Une cale en facilitait l'accès, car la porte s'ouvrait dans le rempart, à une hauteur d'environ 10 mètres, c'est-à-dire un peu au-dessus du niveau des grandes marées. Encore voyait-on souvent la mer passer sous les vantaux et noyer le bas de la Grand'Rue. Que de fois des bateaux y naviguèrent !

Depuis son origine, qui est celle de la première enceinte, la Grand'Porte exista toujours où elle existe aujourd'hui ; depuis son origine aussi, des tours la défendirent. Mais l'aspect de la porte, mais la forme des tours sont difficiles à déterminer. Les gravures représentant la ville avant 1582 nous montrent la Grand'Porte surmontée d'une haute toiture et les tours tantôt rondes, tantôt carrées[2]. Ce qui est probable, c'est que la porte et les tours ont été modifiées à plusieurs reprises ; ce qui est certain, c'est que de

1. V. *Le Port*, p. 31, note.
2. Malheureusement, les gravures et plans de l'ancien Saint-Malo ne sont généralement pas datés ; cela n'est pas fait pour aider aux reconstitutions.

4

ce côté la défense était faible et qu'elle préoccupa sans cesse la municipalité. En 1564, on munit la porte d'une herse et d'un hérisson[1]; en 1582, les frères Desnos y élèvent les massives tours actuelles[2]; en 1585, on bâtit sur la porte un corps de garde. En 1598, la construction de l'Éperon; en 1644, la construction du Ravelin[3], achevèrent de mettre la Grand'Porte à l'abri d'un assaut.

Vers 1590, le « corps de garde de dessus » fut supprimé, et l'horloge « à deux visages », orgueil des Malouins, établie dans un élégant beffroi, élevé entre les deux tours. Ce beffroi reçut aussi *Noguette*[4], montée naguère « sur le portal ».

1. Pièce de bois armée de longues pointes de fer, sorte de cheval de frise.

2. On peut les visiter; et elles en valent la peine. L'intérieur renferme de belles casemates qui servaient jadis de prison aux mendiants et aux Juifs, surpris rodant par la ville. Les plate-formes possèdent un curieux système de mâchicoulis.

3. V. *Première Enceinte*, p. 54, note.

4. Nom donné à la cloche qui, chaque soir à dix heures, sonnait le couvre-feu.

On sait que la cloche brésilienne, rapportée de Rio-Janeiro par Duguay-Trouin, remplit cet office et porta ce nom. Avant de sonner au clocher de la Cathédrale, sonna-t-elle au beffroi de la Grand'Porte? C'est peu probable; elle était bien lourde pour ce beffroi. En tout cas, elle eut des devancières, car un arrêté de la municipalité, daté du 18 décembre 1584, mentionne déjà « la cloche qui sert pour Noguette ».

Quant à l'origine du mot, elle est très indécise. Sans parler

Le Ravelin de la Grand'Porte

A quiconque, entrant dans la ville ou en sortant, franchissait la Grand'Porte, apparaissaient les signes éclatants de la piété malouine. Au-dessus du cintre extérieur, un magnifique Christ en bronze, le Christ du Ravelin [1], étendait les bras. Au-dessus de la voûte intérieure se dressait et se dresse encore, dans sa chapelle, au milieu des fleurs et des lumières, la statue vénérée de la Vierge, Notre-Dame de Bon-Secours [2], qu'y fit ériger, en 1663, le Père Jésuite Vincent Huby, quand, après le « Grand Incendie », il plaça la ville sous cette puissante invocation [3]. Enfin, près de la Vierge,

---

d'étymologies impossibles ou facétieuses, Noguette dériverait, selon les uns, de *Nox quieta,* nuit tranquille; selon d'autres, du sobriquet tout local de *Noguet,* qu'on infligeait aux coureurs de nuit. Reste à décider si Noguette vient de Noguet ou Noguet de Noguette.

1. Inauguré en 1656.

2. De là vient le nom de *Porte Notre-Dame* sous lequel la Grand'Porte est quelquefois désignée.

3. L'imagination populaire s'est plu à entourer la Vierge de la Grand'Porte d'une merveilleuse poésie. Lourde statue de granit, elle flottait sur les vagues, lorsqu'un pêcheur la recueillit ; en 1378, elle sauva la ville, indiquant du doigt la place où creusaient les mineurs de Lancastre; en 1661, elle arrêta d'un geste l'incendie qui dévorait Saint-Malo.

Une simple date précisée, — la date de l'érection (1663), — a tué ces légendes. Mais, si elle n'est point miraculeuse, la Vierge de la Grand'Porte n'en est pas moins, depuis deux siècles et demi, la protectrice fidèle de notre cité et la mère de grâces précieuses pour ceux qui l'invoquent.

une niche plus petite abritait saint Christophe, patron des ouvriers du port.

Bien entendu, la Révolution effaça « les marques du fanatisme ». Le Christ du Ravelin, cassé à coups de marteau, fut envoyé à la fonte ; le saint Christophe, brisé ; la Vierge, mutilée et jetée au fond d'une casemate [1] (1794). Les démolisseurs avaient déjà démonté l'horloge, descendu Noguette, et rasé le beffroi, « par amour de l'égalité ».

Quelque cinquante ans auparavant, la Grand'Porte avait failli être entièrement défigurée. En 1758, une délibération du Conseil de Ville décida de mettre les deux tours au niveau des remparts. Heureusement, le manque de fonds retarda indéfiniment cet acte de vandalisme (1761). Furent votés ensuite d'autres changements plus nécessaires et mieux compris. La construction des quais amena la suppression du Ravelin (1839) ; en même temps, la porte, surélevée, fut munie de douves avec pont-levis. Plus tard, douves et pont-levis, jugés incommodes et inutiles, disparurent (1869).

Ces modifications successives firent de la Grand' Porte ce qu'elle est aujourd'hui [2].

---

1. Elle en fut tirée, quelques années plus tard, et replacée dans sa chapelle par le portefaix Boulleuc.

La niche de saint Christophe, demeurée vide après la Révolution, a recouvré récemment une nouvelle statue.

2. N'oublions pas, près de la Grand'Porte, la fontaine ap-

La *porte Saint-Thomas* dut son nom à l'antique chapelle bâtie dans son voisinage [1]. On l'appelait aussi *porte du Sillon*.

Elle donnait, en effet, sur une large dune ou mielle, dite le *Gros Sillon*, par contraste avec l'isthme étroit qui la continuait. La tour du Donjon au Nord ; au Sud-Est, la tour Carrée défendaient sa courtine. Cette première porte Saint-Thomas est à présent la porte du Château [2].

Privés de leur unique issue du côté de la terre, les Malouins ouvrirent dans le rempart « jouxtant » la tour Quic-en-groigne, une seconde porte Saint-Thomas (1500). La chaussée qui contournait le Château vint y aboutir (1589). Cette porte subsista jusqu'au quatrième agrandissement (1737), époque où l'on construisit la porte Saint-Thomas actuelle, la troisième du nom.

Outre la porte Saint-Thomas et la Grand'Porte,

pelée *la Pompe*, Elle est fort ancienne. Dès 1382, l'eau potable fut amenée de Saint-Servan à Saint-Malo par des conduites en bois, enfoncées dans la Petite Grève, conduites que remplacèrent, vers 1819, des tuyaux de fonte. Les auges de granit servant de lavoirs et d'abreuvoirs datent de 1811. C'était au robinet de la Pompe que les porteuses d'eau venaient naguère emplir leur baril. Depuis la création des Réservoirs, la Pompe est un peu abandonnée.

1. V. *Chapelle Saint-Thomas*, Chapitre III, § 1.
2. V. *Le Château*, p. 75.

plusieurs poternes semi-permanentes[1] perçaient l'enceinte primitive.

Les principales étaient : vers le n° 2 de la rue d'Estrées, la *poterne de Brevet,* protégée par la tour Battue et le fort ou redan de La Croix des Ardrillés ; près de la Poissonnerie la *poterne de La Croix du Fief* ou de *la Blâtrerie,* toutes deux très anciennes ; enfin, rue des Hautes-Salles, vis-à-vis des Placitres, la *poterne de Bon-Secours,* qui, la dernière ouverte (1757), se ferma aussi la dernière (1871).

1. On les murait aux premiers bruits de guerre. La porte Saint-Thomas, elle-même, fut murée pendant la Ligue.

LE CHATEAU GAILLARD

Quand les Malouins, en haine de leur duc Jean V, se donnèrent à la France, le roi Charles VI trouva bon de fortifier une ville qu'il avait alors intention de garder et fit construire, à Saint-Malo, le château Gaillard (1395).

Pourquoi ce nom ? Rappelait-il quelque analogie avec le château fameux dont les restes grandioses dominent la Seine et le val des Andelys ? Nous l'ignorons.

Ce que nous savons, c'est que notre château Gaillard était aussi une imposante forteresse. Occupant, de La Bertaudière au Fort La Reine, tout l'espace actuellement couvert par la prison, la caserne et la rue de la Victoire, accrochant ses murailles aux crètes du rocher, il défendait, du côté de la mer, le front Nord-Ouest de la ville, ce front si souvent menacé[1]. A l'Est, se trouvait son entrée principale. La porte, située au ras de la Cour La Houssaye qui lui servait de douves, était flanquée de deux hautes tours dont les bombardes et couleuvrines pouvaient battre, de loin, les approches par le Sillon.

---

1. Il passait pour être le point faible de la ville. Ce fut par là que le Normand Jehan Le Muet tenta d'introduire les Anglais en 1439, et ce fut de ce côté que les Anglais dirigèrent leur machine infernale (1693).

Dans la suite, le château Gaillard fut relié au Château ducal par « le dessous du pavé Saint-Thomas », sorte de chemin couvert ou souterrain, réservé aux deux garnisons.

Mais le nouveau Château craignait cette vieille citadelle qui le dominait. On la démolit (1573-1592); et, de ses matériaux, on bâtit l'Hôtel-Dieu, puis le couvent de la Victoire. Ses ruines même ont disparu.

LE CHATEAU

Le Château ducal ou Château de la duchesse Anne — on dit simplement ici : Le Château — réunit presque tous les genres d'architecture militaire. Il consiste effectivement en un curieux ensemble d'ouvrages appartenant à des époques très différentes, comme nous essaierons de le raconter.

Un jour de mai 1424, les guetteurs de la porte Saint-Thomas accoururent au Manoir épiscopal dire que l'entrepreneur-maçon de Monseigneur Jean VI, maistre Jehan Prévin, assisté de force ouvriers, creusait sur le Gros Sillon, juste à la sortie de la ville, les fondations d'un édifice qui semblait être « chastel ou tour de guerre ». Guillaume de Montfort, seigneur évêque de Saint-Malo, moult s'émut à cette nouvelle, car ville, murailles, portes et faubourgs étaient son bien et celui de l'Insigne Chapitre. Donc, le 29 mai, il se rendit processionnellement, avec ses chanoines, au pont-levis Saint-Thomas, et, devant l'assistance, *jeta le caillou* [1] par-dessus les murs, qui déjà sortaient de terre, interdisant d'y travailler à l'avenir.

Mais le duc Jean ne fit cas de l'interdiction et poursuivit sans retard l'achèvement de sa forteresse.

1. Geste par lequel on affirmait et revendiquait sa propriété sur un terrain en litige.

Ce fut l'énorme tour en fer à cheval, aux remparts épais couronnés de mâchicoulis, aux vastes salles d'armes, au toit aigu chevauché par deux tourelles de guet accouplées, tour aujourd'hui connue sous le nom de *Gros Donjon*. Situé en dehors de la porte Saint-Thomas, ce donjon commandait l'accès de la ville, mais n'en possédait pas l'entrée. Il parut insuffisant pour tenir les Malouins en obéissance.

En 1475, François II de Bretagne, muni d'un bref du pape Sixte IV, imagina de construire autour du Donjon, une enceinte faisant corps avec la place et, par suite, communiquant avec elle : ainsi pourrait-on y jeter des troupes à volonté. François bâtit la tour *La Générale*, puis mourut. Sa fille, la duchesse Anne, malgré les Malouins, malgré le Parlement de Rennes, continua les travaux commencés. Vers l'année 1501, maistre Robert Mellet avait à peu près fini le gros œuvre du Château.

Le Château formait dès lors le grand quadrilatère qu'il forme encore aujourd'hui : quatre courtines avec quatre tours d'angle [1] ; deux grosses : *La Générale* [2]

---

1. Ces tours ont un rez-de-chaussée voûté, deux étages et une plate-forme d'artillerie avec embrasures à ciel ouvert. — Selon toutes probabilités, elles furent telles dès l'origine. La lithographie, conservée au Musée, qui représente La Générale coiffée d'un toit conique et pourvue d'embrasures casematées, est moderne et ne saurait constituer un document.

2. Haute de trente-cinq mètres, elle devait dans le plan primitif *commander* toutes les autres ?

La Quic-en-groigne.   *La Générale.*

LE CHATEAU (CÔTÉ VILLE)

au Sud-Ouest, *La Quic-en-groigne*[1] au Nord-Ouest ;
et deux petites : au Nord-Est, la tour *des Dames ;* au
Sud-Est, la tour *des Moulins.* Ce quadrilatère encla-
vait le *Gros Donjon* et les anciens ouvrages, savoir :
la tour *Carrée,* accolée à La Générale ; le *Petit Donjon,*
relié à La Quic-en-groigne ; la vieille courtine et la
vieille porte Saint-Thomas, devenues, — après la construction de la courtine, dite de la duchesse Anne, —
la seconde enceinte et la seconde porte du Château.
L'espace entre les deux courtines faisait avant-cour[2].

A l'Est, s'avança plus tard, comme une proue, la
pointe appelée *La Galère*[3].

Originairement, l'anse de Mer bonne baignait, au

1. Voici la légende de ce nom bizarre :
Anne de Bretagne visitait son Château et se trouvait sur la
tour Nord-Ouest. Une députation de chanoines et de bourgeois étant venue l'y supplier de cesser des constructions si
menaçantes pour la ville, l'impérieuse duchesse-reine se contenta de répondre : « Quic en groigne, ainsi sera ; c'est mon
plaisir ! » paroles qu'elle fit graver sur la muraille extérieure
de la susdite tour. — Cette tour porta depuis le nom de
Quic-en-groigne.

2. Cette reconstitution de la partie Ouest du Château est
due à M. Charles Maigné.

3. *La Galère* n'apparaît pas sur les gravures du temps avant le
commencement du XVIIe siècle. D'ailleurs, le mur et le fossé
qui la séparent du Château indiquent un ouvrage rapporté.
Une tradition veut que la duchesse Anne ait fait du Château
« un carrosse à son goût » : les quatre tours figurant les quatre
roues ; le Gros Donjon, la caisse ; et La Galère, le timon de

Sud-Est, le pied du Château. Au Nord, la mer d'abord, puis, après le prolongement de la Chaussée (1589), une douve profonde le défendaient. A l'Ouest, la courtine de la duchesse Anne et les tours étaient isolées de la ville par de très larges douves, pleines d'eau de mer, que franchissait une chaussée sur arches, coupée de pont-levis[1]. Quand on construisit les quais, des douves, que remplissait aussi la mer, longèrent les murs du Sud-Est. C'est dans ces douves, comblées en 1880, que fut créé le *Square* du Château[2].

Inexpugnable en apparence, le Château fut pourtant pris une fois... par les Malouins.

C'était en 1590. Honorat de Bueil, comte de Fontaine, gouverneur pour le roi Henri III de la ville et du Château, parlait d'y accueillir Henri IV, le nouveau roi. Les Malouins n'aimaient guère la Ligue ; mais ils ne voulaient pas d'un roi huguenot. Chez l'un des capitaines généraux, Frotet, sieur de La Landelle,

la voiture. Le malheur est que La Galère n'ayant été bâtie que longtemps après le Château, le carrosse serait resté plus d'un siècle sans timon.

1. Ces douves de l'Ouest étaient creusées à l'endroit ou s'étend maintenant la place du Château. Successivement rétrécies, elles ont disparu ainsi que la courtine de la duchesse Anne, les ponts-levis et l'avant-cour. — V. p. 80, note.

2. Le *Square* est bien joli, et les douves étaient infectes ; mais elles donnaient au Château plus de cachet en laissant paraître toute la hauteur de ses tours, maintenant au tiers enterrées.

Le Chateau, coté Sud-Est

une conspiration s'ourdit. Dans la nuit du 11 mars, cinquante-cinq jeunes gens d'élite, conduits par le capitaine Frotet de La Bardelière, se laissaient glisser le long d'un cordage, des murs de la ville [1] au bas de La Générale : la marée basse en permettait l'accès, et les chiens du guet erraient au loin. Par une échelle de corde que deux complices attachèrent à la volée d'une couleuvrine, la tour est en un clin d'œil escaladée, le corps de garde enlevé, la garnison refoulée au Donjon. En même temps, du côté de la ville, La Landelle se faisait abaisser les ponts-levis. Vivement pressée, la garnison se rendit. Le comte de Fontaine avait été tué d'une arquebusade.

Bien que depuis cette échauffourée, tous les rois se soient appliqués à ne donner aux habitants que des gouverneurs agréables, ce Château, plein d'armes et de soldats, resta pour la population un objet de méfiance. Sans doute, les canons de ses tours aidaient à repousser les attaques anglaises; mais les Malouins persistaient à voir en lui une bastille tournée contre la ville, plutôt qu'un fort tourné contre l'ennemi. L'emprisonnement qu'y subit La Chalotais [2] (1765-1766)

1. Chaque soir, les clefs des portes étaient remises au gouverneur.

2. Il aurait été enfermé au Petit Donjon, qui, pour cette cause, est parfois désigné sous le nom de tour La Chalotais. Nous donnons cette tradition sous réserves.

aviva encore les rancunes. Aussi lorsque la Révolution laissa chacun courir à sa haine, le Château ne fut point épargné. Le 15 novembre 1792, la foule combla les douves de la première porte et martela sur La Quic-en-groigne la fameuse inscription de la duchesse Anne. Le 24 janvier 1793, on démolit la première courtine[1]; on ouvrit dans la seconde[2] une large brèche. L'année suivante, ordre vint de raser les embrasures ayant vues sur la ville et de les remplacer par une main courante en fer (1794). Le peuple souverain n'avait plus rien à craindre du Château monarchique.

On sait peu de choses sur les bâtiments intérieurs du Château pendant les premiers siècles de son existence. Il n'en subsiste qu'un corps de garde, étrangement placé près du Petit Donjon, et le local, dit *Petit Office*, qui domine la porte d'entrée. Les salles du Donjon, les étages des tours, suffisaient sans doute à loger le gouverneur et ses gardes. Deux citernes

1. La courtine Ouest, bâtie par la duchesse Anne. Deux tronçons laissés debout en indiquent bien la place. Un rebouchage très apparent en a fait ces deux petites tours carrées, au parapet percé de meurtrières, qui, sur la place du Château, se soudent, l'une à La Générale, l'autre à La Quic-en-groigne.

2. L'ancienne muraille de la ville. On reconnaît facilement à l'appareil de la maçonnerie l'étendue de cette brèche, depuis réparée (1824).

Ainsi les douves, les ponts-levis, l'avant-cour située entre les deux courtines, ont disparu; et la vieille porte Saint-Thomas, seconde entrée du Château, en est devenue l'entrée principale.

Le Chateau (côté Nord)

fournissaient l'eau; les moulins établis sur la tour Sud-Est donnaient la farine nécessaire; le pain cuisait dans les fours de La Quic-en-groigne. A côté de la Grande Citerne, une petite chapelle assurait le service religieux.

Plus tard, au xviie siècle, lorsque la garnison comprit de 150 à 180 soldats, on construisit la caserne qui s'adosse à la courtine Nord, du Petit Donjon à la tour des Dames; puis Vauban fit élever, au fond de la Grande Cour, une autre caserne, destinée ensuite à l'État-Major.

Une chapelle assez vaste, située entre le Donjon et La Générale, remplaça l'ancienne (1696). Elle était destinée au lieutenant du Roy, à sa famille, à ses officiers et surtout aux soldats de la garnison à qui les franchises de la ville et du Chapitre interdisaient la Cathédrale. Dans l'avant-cour, à l'angle de La Générale, une porte permettait aux étrangers d'entrer à la chapelle, sans pénétrer à l'intérieur du Château. Cette chapelle, très luxueuse, renfermait des ornements précieux et de véritables richesses artistiques, malheureusement saccagées en 1792. Échappèrent au pillage, la *Descente de Croix*, du peintre Santerre, et le magnifique Christ en ivoire, attribués depuis à la Cathédrale.

Tel qu'il est aujourd'hui, le Château sert de magasins, de bureaux et de caserne d'infanterie.

Le bâtiment du fond de la cour est occupé, au rez-de-chaussée, à droite, par les bureaux de l'artillerie; à gauche, par ceux du génie. Le premier étage contient la salle d'honneur et la bibliothèque. L'ancienne caserne reste affectée à cet usage; de plus, les cinq étages du Donjon, plusieurs étages des tours et la chapelle ont été convertis en chambrées.

Désarmé depuis longtemps, le Château fut, en 1870, remis en état de défense, et l'on rétrécit quelques embrasures de ses tours pour y placer des pièces de campagne.

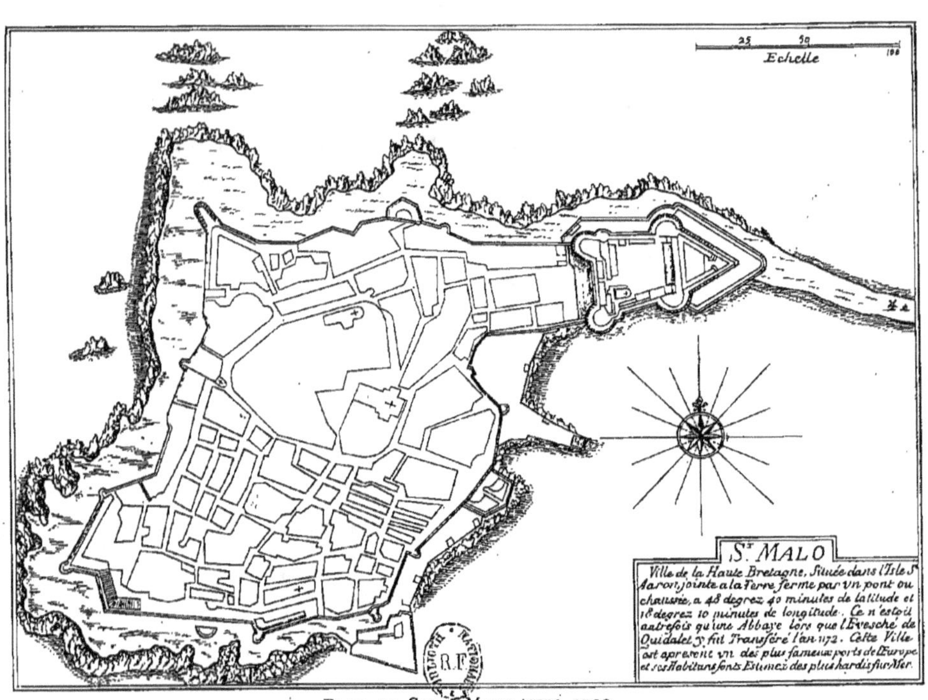

Plan de Saint-Malo vers 1700.

LES ACCROISSEMENTS

Du XIIe au XVIIIe siècle, la cité malouine se serra, s'entassa, s'entêta, sur les trente-trois journaux de rocher qu'enfermaient ses premiers remparts. Elle avait plus d'une fois renforcé son corselet de pierre, elle ne l'avait pas élargi. Mais, vers la fin du règne de Louis XIV, écoutant la voix de Vauban, elle sortit du « terrain haut » et descendit à la mer par quatre grands pas.

Ce furent les quatre *accroissements* ou agrandissements successifs de Saint-Malo.

Les trois premiers ajouteront à la ville trois quartiers plus ou moins considérables ; le quatrième, une place seulement.

Projeté et dessiné par Vauban dès 1701, le premier accroissement, dit *accroissement du Fief*, ne fut entrepris que sept ans plus tard, en 1708, après la mort du maréchal. Son sous-ingénieur, le chevalier de Garangeau, dirigea, suivant le plan tracé, l'exécution des travaux. Ils durèrent deux années (1708-1710).

On démolit le mur de la Beurrerie, la tour de la Poissonnerie, la poterne de La Croix du Fief, en un mot la partie de l'enceinte qui contournait l'anse de Mer bonne[1] ; on combla cet ancien port et l'on

1. Consulter les plans de Saint-Malo, p. 58 et 85.

construisit la belle batterie qui relie la tour Nord de la Grand'Porte à la porte Saint-Vincent et à La Générale. Ainsi fut gagné le *Quartier Saint-Vincent* : la place et la rue de ce nom, la rue Garangeau, partie de la rue Sainte-Barbe, la rue Sainte-Marguerite, la rue et la place Jacques-Cartier.

Alors, en bordure des nouvelles rues, commencèrent à s'élever ces magnifiques hôtels aux façades de granit, aux grands toits d'ardoises, aux cheminées monumentales, qui s'harmonisent si heureusement avec les remparts (1709-1715).

En 1714, eut lieu le deuxième accroissement. Il nous valut le *Quartier de Dinan* tout entier. Partant de La Hollande, comprenant le bastion Saint-Philippe et le bastion Saint-Louis jusqu'à l'Éperon, le nouveau mur d'enceinte alla rejoindre les vieux remparts au bas de la rue de La Mettrie[1]. On gagnait la rue Saint-Philippe, la rue d'Orléans, une très grande partie de la rue de Toulouse ainsi que les rues transversales de Vauborel, de Dinan, Feydeau et d'Asfeld, rues que des hôtels plus somptueux encore que les précédents ornèrent en quelques années (1716-1725).

Un troisième accroissement (1721) créa le *Quartier de Chartres*. A cette époque fut achevée la partie Est

---

1. Cette section de l'enceinte était provisoire et destinée à tomber lors du prochain agrandissement. Ce qui advint en 1722. — Voir le plan, p. 58.

du bastion Saint-Louis et bâtie la courtine qui va se souder à la tour Sud de la Grand'Porte. Sur l'emplacement de l'ancien rempart auquel s'adossait la rue des Cordiers, s'ouvrirent la rue de Chartres, la rue de l'Abbaye Saint-Jean et les prolongements des rues de La Mettrie et de Toulouse.

Quant au dernier accroissement, le quatrième, il date de 1737 et consista dans la construction d'une courtine, qui, reliant en ligne droite le Fort La Reine à la porte Saint-Thomas, conquit sur la grève les *Travaux Saint-Thomas* et l'endos de la rue Chateaubriand.

Le terrain gagné par les troisième et quatrième agrandissements ne se couvrit point d'hôtels, comme dans les deux premiers quartiers. D'abord, les riches Malouins étaient déjà pourvus; ensuite la période d'opulence était passée. La paix régnait entre la France et l'Angleterre : la Course ne remplissait plus les coffres. Rue de Chartres et place des Travaux, on bâtit peu et de façon modeste.

Certains auteurs parlent d'un cinquième accroissement. Mérite-t-il bien ce titre ?

Il y a quarante ans environ, la section du rempart comprise entre la tour de Bidouane et le Fort La Reine s'écroulait. En la reconstruisant, on rectifia la ligne, ce qui fit effectivement gagner quelques mètres et permit d'élargir la caserne de la Victoire.

Le cinquième accroissement, très véritable et très considérable, est celui qui s'opère tous les jours au delà des remparts.

LES REMPARTS

On lit dans les meilleurs *Guides* : Les remparts de Saint-Malo qui regardent la pleine-mer datent du XIIe et du XVIIe siècle ; le reste de l'enceinte a été construit par Vauban. Nous l'avons déjà en partie démontré, cette dernière phrase n'est pas rigoureusement exacte.

Vauban conçut, il est vrai, pour Saint-Malo un plan général de fortifications, fit bâtir, sous sa conduite, les forts de mer, le bastion du fort la Reine (1689-1695) et prépara les devis de l'accroissement du Fief. Mais ni les remparts de l'Est et du Sud, — les *Grands Murs*, — ni, à plus forte raison, les murs Saint-Thomas, ne furent commencés de son vivant. L'ingénieur Garangeau réalisa l'idée du maître, tout en la modifiant quelquefois (1708-1737).

La Ville payant matériaux et main d'œuvre, et payant largement, rien ne fut épargné pour donner aux nouveaux remparts la solide magnificence qui les caractérise.

Ils consistent en une grande batterie et deux bastions pleins, reliés par des courtines. La muraille est un blocage revêtu de moellons équarris, reposant sur des assises de granit, orné de chaînes et de cordons en granit taillé. Également en granit taillé, sont les consoles des mâchicoulis, les joues des embrasures, le dallage des courtines et des bastions[1]. Épaisse de plusieurs mètres, cette maçonnerie était à l'épreuve de tous les projectiles alors en usage[2].

Voilà une rapide vue d'ensemble de l'enceinte moderne ; mais les vieux remparts méritent bien d'être connus ; et les nouveaux, d'être étudiés en détail. Prenons donc l'escalier intérieur qui mène sur la porte Saint-Vincent et faisons, comme on dit à Saint-Malo, le « tour des murs ».

Ceci est la *Grande Batterie Saint-Vincent*, la partie la plus ancienne de la nouvelle enceinte, car elle remonte à l'accroissement du Fief ou premier agrandissement. Pour sa construction, la municipalité avait alloué cent mille livres. Vauban, qui savait les ressources de la ville et voulait faire beau, n'hésita pas à porter ses devis au triple de la somme. Il eut soin toutefois de ménager, sous le terre-plein, des magasins et un étage de chambres[3] dont la location paya, avec

1. Les parties des remparts directement battues par la mer, telles que la courtine Saint-Thomas et la courtine entre Saint-Philippe et La Hollande sont entièrement revêtues en granit taillé.

2. Une expérience récente en a prouvé la solidité. Lorsqu'en 1874, on perça la porte Saint-Louis, les ouvriers renoncèrent à entamer par le fer les murs de la courtine. Les pics étincelaient, s'émoussaient, se brisaient sur la pierre et sur un ciment plus dur encore. Il fallut employer la dynamite.

3. Chambres et magasins n'ont pas cessé d'être occupés. On dit de leurs locataires qu'ils demeurent « sous les murs ».

Grande Batterie
Saint-Vincent.

Porte
Saint-Vincent.

REMPARTS DE L'EST

le temps, les frais de la muraille. La Grande Batterie va[1] de La Générale à la Grand'Porte. Dix-huit embrasures dentellent ses parapets : sept enfilaient le Sillon, onze battaient la Petite Grève et les Talards. Dans ces embrasures, s'allongeaient les pièces de 12, de 6 et de 8 qui armèrent les remparts de l'Est et du Sud jusqu'à la Révolution.

De la Grand'Porte, une courtine rejoint le *bastion Saint-Louis*[2]. Ainsi nommé en l'honneur de Louis XIV, cet ouvrage fut élevé à deux époques différentes : la partie Sud, lors du deuxième agrandissement (1714); la partie Est, lors du troisième (1721). C'est un bastion triangulaire, à faces inégales : celle du Sud, la plus étendue, ouvrant dix embrasures sur la pointe du Naye et l'entrée du port; celle de l'Est, cinq embrasures sur le port lui-même et les Talards. Au flanc Sud-Est, une couleuvrine balayait les abords de la Grand'Porte; au flanc Sud-Ouest, deux pièces, croisant leur feu avec les pièces de flanc du bastion Saint-Philippe, défendaient la porte de Dinan.

La longue et belle courtine Sud[3] conduit du bastion Saint-Louis au bastion Saint-Philippe.

1. Ou plutôt allait; car, depuis 1880, la grille donnant sur le *square* la sépare de la tour et du Château.

2. Nommé d'abord *bastion Saint-François*.

3. Les courtines ne portent pas de nom bien déterminé. Tantôt on leur donne celui de la rue qui les longe; tantôt

Situé à l'angle Sud-Ouest des fortifications, de
même que le bastion Saint-Louis l'est au Sud-Est, le
bastion Saint-Philippe[1] forme aussi un triangle irrégulier dont la face Ouest, — deux embrasures, — bat
la rade et Dinard ; dont la face Sud, — six embrasures,
— domine l'avant-port et l'anse des Sablons. Ce bastion date du deuxième agrandissement (1714). Il reçut
le nom de Philippe II d'Orléans, neveu du roi et futur
régent de France.

Quelque cinquante pas dans l'Ouest, et les grands
escaliers de La Hollande montent au « terrain haut ».

Nous sommes sur les murailles occidentales de la
ville, sur l'ancienne plate-forme des *Moulins-Collin*[2].
Prévoyant une attaque des flottes hollandaises (1674),
le duc de Chaulnes ordonna de réparer l'escarpe qu'un
éboulement avait détruite à cet endroit, et pour mieux
protéger notre rade, transforma la plate-forme en un
gros bastion que les circonstances firent appeler *La
Hollande*.

Muni de parapets primitivement percés d'embra-

celui du bastion ou de la porte qu'elles avoisinent : courtine
de Chartres, de la Grand'Porte ou de Saint-Louis; courtine
de la porte de Dinan, courtine Saint-Philippe.

1. Nommé d'abord *bastion Saint-Michel*.

2. Il y avait là trois moulins à vent : le Moulin-Collin au Sud,
le Moulin-Macé au Nord, et, « au mitan », le Moulin-Bisault;
mais l'usage les confondait sous le nom unique de *Moulins-
Collin*, celui-ci étant le plus ancien et datant de 1364.

REMPARTS DU SUD

sures, puis mis en barbette et fortement terrassé par
ordre de Garangeau [1]; armé d'abord de canons de 24,
et ensuite des grosses pièces, dont le comte de Toulouse fit présent à Saint-Malo [2], le bastion de La
Hollande resta longtemps, du côté de la rade, le
meilleur ouvrage du corps de place. En mars 1793, on
en suréleva le flanc gauche pour mettre sa batterie à
couvert des feux de La Cité. En 1866, on y construisit
une traverse-poudrière et une traverse-abri. Depuis
1889, le bastion, désarmé, sert de manège aux che-
vaux des officiers et de champ de tir réduit aux soldats
de la garnison.

Entre La Hollande et Bidouane, s'élèvent, étroite et
sinueuse courtine, les vieux remparts ou *Petits Murs*.
Bien que rebâtis sous Louis XIV et récemment restaurés, ces Petits Murs, aux moellons inégaux, aux
mâchicoulis rompus, sont encore à nos yeux l'enceinte

1. Trois des embrasures primitives subsistèrent longtemps,
jusqu'en 1866, près des grands escaliers.

2. Vingt-quatre canons en fer coulé : douze du calibre 36 et
douze du calibre 48, que Monseigneur Louis-Alexandre de
Bourbon, comte de Toulouse, duc de Penthièvre, amiral de
France et gouverneur de Bretagne, offrit, tout montés, aux
Malouins en témoignage de leur belle défense pendant les
bombardements des années précédentes (Janvier 1696). V. *Rue
de Toulouse*, Chapitre IV, § II.

En 1832, ces belles pièces furent envoyées à la fonte par le
ministre de la guerre, sans que la ville ait pu en conserver une
seule.

du xiie siècle. Ils en suivent le tracé; peut-être, en conservent-ils les fondations; peut-être quelques pans de maçonnerie. Voici devant nous la Montée, le corps de garde[1] et la tour Notre-Dame[2] aussi appelée tour de *la Découvrance,* parce que les armateurs venaient y guetter l'arrivée de leurs navires; voici poindre à droite le Cavalier des Champs-Vauvert[3], à gauche la *Poudrière* ou tour de *Bidouane.*

Cette tour massive, en forme de fer à cheval, remplaça, dès 1652, la tour de *la Cloche,* qui déjà servait de poudrière à cause de sa proximité du parc à boulets et de l'Arsenal. Surmontée d'une plate-forme d'artillerie, couronnée d'embrasures dont plus tard on rasa les merlons (1748), la nouvelle tour battait les passes et la Rance; pourvue à son étage inférieur de magasins voûtés, elle offrait aux poudres un abri plus sûr que sa faible devancière. Ces garanties n'endormirent point des craintes perpétuellement réveillées, craintes du feu du ciel, craintes d'imprudence et de trahison. En 1839, le génie plaça sur la tour un paratonnerre; aux époques troublées, on redoublait de vigilance et de précautions. De 1848 à 1852, un factionnaire armé d'une pique faisait éteindre pipes et cigares, interdisait toute approche après dix heures du

---

1. Actuellement atelier de serrurerie pour bâtiment.
2. Voir l'origine de ce nom, Chapitre III, § 1.
3. V. *Première enceinte,* p. 52.

REMPARTS DE L'OUEST

soir. Les Malouins sont rassurés à présent : les poudres ont été enlevées de Bidouane (1889).

Naguère encore, les Petits Murs se continuaient de la Poudrière au Fort La Reine. Cette portion des vieux remparts, n'ayant jamais subi de remaniement complet, était fort ancienne et pouvait remonter, sinon à Jean de Châtillon, du moins aux temps du château Gaillard. Mais elle tombait en ruines. On l'abattit et, à sa place, on éleva une courtine droite, qui, en supprimant plusieurs courbes, permit d'élargir et de régulariser la caserne de la Victoire (1855-1864).

Le *Fort La Reine,* où nous arrivons, était la principale défense du front Nord. En 1693, l'attaque des Anglais s'étant concentrée sur ce front, Vauban fit construire, au lieu dit l'*Assiette,* un ouvrage en équerre brisée, d'abord appelé *bastion du Cheval Blanc,* d'après la rue qui y conduisait[1], puis baptisé, par courtoisie, Fort La Reine ou Fort à la Reine. Achevé au niveau du rempart (1694), ce bastion fut ensuite exhaussé pour lui donner plus de commandement (1758). Le cul de lampe d'échauguette que l'on aperçoit du dehors, oublié dans le mur, indique bien la hauteur première des parapets.

Un peu en arrière du Fort La Reine, existait déjà et exista longtemps le corps de garde de *Bras de fer*

1. Actuellement rue Mahé de La Bourdonnais.

(1576-1795), jadis enclos dans le château Gaillard. Déjà aussi, sur l'emplacement actuel du bastion se trouvait, croit-on, une batterie. Faisait-elle partie du château ou de l'enceinte ? La vieille porte aujourd'hui murée y donnait-elle accès ? Autant de questions souvent posées et non résolues.

Passé le fort, une courtine, ouvrage du quatrième accroissement (1737), conduit « sur la porte Saint-Thomas », c'est-à-dire sur une plate-forme dallée[1], dominant la porte, le terre-plein et la cale de l'Éventail. C'est là que, les jours de grande marée, habitants et « étrangers » s'assemblent, à l'abri des paquets d'eau et des embruns, pour « voir la mer sauter ».

Et maintenant, descendons l'escalier intérieur Saint-Thomas, pendant de l'escalier Saint-Vincent. Le « tour des murs » est fini.

Les remparts de Saint-Malo, sans être jusqu'ici déclassés comme fortifications, sont classés comme monument historique (1902).

---

1. Quelques auteurs font un *bastion Saint-Thomas* de la plate-forme précitée ; nous ne savons pourquoi, car elle ne comporte ni épaulements, ni embrasures à canon, mais tout au plus un parapet de mousqueterie.

REMPARTS DU NORD

LES PORTES MODERNES

On entre dans Saint-Malo par huit portes : une très ancienne, la Grand'Porte, dont nous avons parlé ailleurs, et sept autres, plus ou moins modernes, la porte Saint-Vincent, la porte Saint-Louis, la porte de Dinan, la porte Saint-Pierre, la porte des Beys, la porte des Champs-Vauvert, la porte Saint-Thomas.

La *porte Saint-Vincent*, construite en 1709, remplaça, du côté Est, l'antique poterne de La Croix du Fief ou de la Blatrérie, située jadis au fond de cette anse de Mer bonne que l'on dut combler lors du premier accroissement. La nouvelle porte, ainsi que le nouveau quartier, reçut le nom du diacre martyr saint Vincent d'Espagne, à qui l'évêque Hélocar avait, au IXe siècle, dédié l'église et la ville. Par suite du prolongement de la Chaussée devant le Château (1733), la porte Saint-Vincent devint la véritable *porte du Sillon;* par suite du trafic toujours augmentant, il a fallu la doubler d'une seconde arcade (1890).

La *porte Saint-Louis* est une large baie cintrée, sans vantaux, pratiquée en 1874 dans la courtine Saint-Louis, à l'extrémité de la rue de Toulouse, pour faciliter le transit des marchandises, de la ville aux paquebots anglais et de ces paquebots à la ville.

La *porte de Dinan* fut ménagée dans le rempart du

deuxième accroissement (1714), en avant et à peu près
dans l'axe de la poterne Brevet. Appelée d'abord *porte
de la Marine* ou *porte de la Mer,* elle prit ensuite le
nom de porte de Dinan à cause de la ville dans la
direction de laquelle elle s'ouvre. On disait aussi la
porte à l'Évêque, attendu que c'était par là que les
nouveaux évêques faisaient leur première entrée à
Saint-Malo. Primitivement, une cale accolée aux remparts donnait accès à cette porte.

La *porte Saint-Pierre* a été percée, en 1871, au
niveau des Hauts Sablons, entre la vieille poterne de
Bon-Secours et La Hollande. Une rampe permet aux
voitures de descendre sur la grève vers la chaussée
des Beys. Aussitôt après l'inauguration de la porte
Saint-Pierre, la poterne de Bon-Secours fut définitivement murée [1].

La *porte des Beys,* percée en 1884 dans la tour
Notre-Dame, à douze mètres au-dessus de la grève
où mène un escalier de bois accroché le long du rempart, abrège aux piétons le chemin des Beys et de
l'embarcadère des bacs.

La *porte* ou *poterne des Champs-Vauvert,* de même

[1]. Elle s'ouvrait au milieu de la rue des Hautes-Salles, dans
l'angle rentrant de la courtine qui relie la tour Notre-Dame à
la Hollande. La maçonnerie plus fraîche indique encore la
place qu'elle occupait. Un escalier de bois descendait de cette
poterne aux Sablons.

que les deux précédentes, a pour but de multiplier les communications entre la ville et l'embarcadère de Dinard. Percée en 1879, elle conduit de la rue Toullier aux rochers de Bidouane, puis, de ces rochers par des degrés taillés dans le granit et une petite cale, à la grève de Bon-Secours.

La *porte Saint-Thomas* actuelle, troisième du nom[1], date du quatrième accroissement (1737). C'est aujourd'hui la *porte des Bains.*

Pendant la construction des nouveaux quais (1838-1840), la Grand'Porte et la porte de Dinan furent munies de douves profondes et de ponts-levis. La porte Saint-Thomas en fut aussi pourvue (1848). La porte Saint-Vincent en possédait déjà. Ces ouvrages, estimés inutiles pour la défense et gênants pour la circulation, ont été supprimés (1869-1871).

1. V. *Anciennes portes,* p. 67.

II. — FORTS DE MER

ANCIENS ET NOUVEAUX FORTS

De 1689 à 1695, Vauban et, sous sa direction, l'ingénieur Garangeau bâtirent sur les îlots rocheux qui avoisinent Saint-Malo, une série de forts détachés : *Fort Royal*, fort du *Petit Bey*, fort de *L'Ile Harbour*, fort de *La Conchée*, système que compléta dans la suite la citadelle de *La Cité*[1].

Les portées énormes de l'artillerie actuelle ayant rendu ces forts impuissants à défendre la rade et la ville, tous, sauf L'Ile Harbour et La Cité, ont été déclassés en 1889.

Plus avant dans la baie, des batteries modernes les remplacent : batteries de *La Varde* et batteries de *Césembre*[2].

Est en projet l'érection d'une batterie à la pointe du *Décollé*.

---

1. Mentionnons seulement pour mémoire les vieux forts *Du Guesclin* et des *Rimains*, près de Cancale, et le fort *La Latte*, — autrefois Château de La Roche-Gouyon — près du cap Fréhel. Ces forts n'appartenaient pas à la défense directe de Saint-Malo.

2. Nous n'avons point à parler ici d'ouvrages récemment construits (1862-1866), mais déjà abandonnés : à Dinard, la batterie du *Moulinet*, mise en vente; à Saint-Servan, le fort du *Naye*, transformé en poudrière.

FORT ROYAL OU NATIONAL

Il fut commencé, en 1689, par Garangeau, sur le rocher de *L'Islet*.

Ce rocher, beaucoup plus considérable qu'il ne l'est aujourd'hui, était anciennement surmonté d'un petit phare, le *Pharillon*, sorte de torchère où, les nuits de tempête, on allumait des matières résineuses. L'Islet servait aussi de lieu d'exécution. Là, s'élevaient les bois patibulaires de la justice épiscopale; là, se dressait, au pied de la *Croix des Ardrés*[1], le bûcher des grands criminels. Les exécutions par le feu cessèrent de bonne heure à l'Islet; la dernière exécution par la corde s'y fit en 1685. Mais L'Islet n'avait pas le monopole de ces lugubres cérémonies. On pendait au Ravelin de la Grand'Porte; on pendait à la Hollande, « le bastion des Pendus »; on noyait dans la fosse du Naye.

Plusieurs fois modifié, de 1689 à 1743, le *Fort Royal*, dès 1693, pendant le premier bombardement de Saint-Malo, rendit d'éminents services à la défense. Son armement, comme celui des autres forts, comprenait des canons de gros calibre et des mortiers.

---

1. La *Croix des Ardrés* ou des *Arrillés*, — des brûlés — fut transportée plus tard dans un îlot qui prit son nom. Cet îlot se trouvait vis-à-vis le n° 17, rue de Toulouse.

On aperçoit, au Nord, ses batteries barbettes, ayant vues sur toute la rade. Au Sud, deux petits bastions avec embrasures battent le Sillon et l'accès du Château par la grève. En 1849, un mur de fusillade enveloppa ce côté Sud, jugé trop exposé à un coup de main.

Suivant les différents régimes, le fort de L'Islet reçut les noms de *Fort Royal*, *Fort Républicain*, *Fort Impérial* et, depuis 1870, de *Fort National*.

Le Fort National est aujourd'hui déclassé.

Le Fort National

LES BEYS

Deux monticules inégaux dominent le banc rocheux des Beys. L'un, le *Grand Bey*, s'élève à 400 mètres de Saint-Malo ; l'autre, le *Petit Bey*[1], à 300 mètres plus loin, dans le Sud-Ouest. Ils délacent tous les deux.

Bey ou Bé signifie-t-il *tombe* en celtique ? Plusieurs érudits l'affirment. Quoi qu'il en soit, le Grand Bey reproduit assez bien la forme d'un *tumulus*.

Ce rocher a son histoire. L'Assemblée du peuple s'y réunit, en 1308, pour « jurer sa commune ». En 1360, y vinrent des ermites qui bâtirent, à l'extrémité Nord[2], une chapelle dédiée à Notre-Dame du Laurier, puis à saint Ouein, archevêque de Rouen. Chapelle vénérée et populaire, où se rendit, jusqu'en 1601, la procession des Rogations ; autour de laquelle se tint longtemps une foire célèbre, la *Saint-Ouein* et, par corruption du mot, la *Sainte-Ouine*[3].

Vers 1555, le Grand Bey fut couronné d'une

1. Anciennement, *Mont d'Olivet.*
2. Près du tombeau de Chateaubriand.
3. Il s'agit de la *petite Sainte-Ouine* qui se transporta plus tard sur le quai Saint-Louis et avait lieu le dimanche de la Passion. La *grande Sainte-Ouine* s'est toujours tenue le dimanche avant la Passion, sur La Cité, près de la chapelle Saint-Pierre, où se trouve une statue du saint.

redoute, remplacée ensuite par des fortifications plus modernes (1652). On y voit encore les ruines de deux bastions et, taillées dans le roc, les traces d'une batterie. Ces ouvrages tombèrent en désuétude lorsque Garangeau eut construit le fort du *Petit-Bey* (1689-1693), qui battait mieux la rade. En 1693, son canon désempara une galiotte anglaise. Ce fort est aujourd'hui déclassé et cédé à la ville.

En 1720, Garangeau forma le projet de réunir les Beys à la ville et, dans l'espace gagné sur la mer, de créer un bassin pour vingt-quatre navires. On reprit depuis cette idée (1793 et 1823). Tout s'est borné à la construction d'une chaussée submersible conduisant aux jetées où les bacs de Dinard accostent quand la mer est basse.

Outre le départ et l'arrivée des bacs, ce qui attire maintenant les touristes au Grand Bey, c'est le souvenir et le tombeau de Chateaubriand.

Selon les récits du temps, Mme de Chateaubriand, prise des douleurs de l'enfantement durant une promenade en mer, se fit débarquer au Grand Bey. Le repos ayant calmé ses souffrances, on la ramena dans sa maison de Saint-Malo où, à peine arrivée, elle mit au monde René de Chateaubriand[1]. Celui-ci voulut avoir sa tombe au lieu qui faillit être son berceau, et,

1. V. *Maison de Chateaubriand*, Chapitre IV, § II.

Fort du Petit Bey.   Césembre.   Le Grand Bey.

en 1828, il fit demander à sa ville natale six pieds de
rocher pour sépulture. La concession ne fut accordée
qu'en 1836.

Douze ans après, le 18 juillet 1848, au milieu d'un
concours immense et d'imposantes cérémonies, on
déposait le corps de Chateaubriand à la place par lui
marquée, au chevet d'une croix de granit, sous une
dalle de granit, sans nom.

LA CONCHÉE

Les Conchées s'étendent à 3 kilomètres Nord de Saint-Malo et à 1,500 mètres Nord-Est de Césembre.

Sur le plus important de ces îlots, la *Grande Conchée*, Vauban construisit un fort regardé comme le chef-d'œuvre de ses forts de mer (1692-1695).

Avec ses rochers inaccessibles, ses remparts et ses voûtes de granit; avec sa batterie barbette en proue de vaisseau, ses pièces casematées, son four à rougir les boulets, le fort de La Conchée passait pour imprenable. De fait, lors du second bombardement de Saint-Malo, en 1695, la flotte de Barkley le canonna deux jours, sans pouvoir éteindre son feu[1], et, pendant les guerres du premier Empire, il tint toujours à distance les frégates anglaises.

La proximité de Césembre, maintenant très sérieusement armé, diminuant beaucoup l'importance de ce fort, il a été déclassé en 1889.

Mais déclassé ne veut pas dire abandonné sans retour.

1. V. *Sièges et bombardements*, p. 134.

L'ILE-HARBOUR

Ile aujourd'hui, cet amas de roches aiguës tenait autrefois au continent. Situé à l'embouchure du grand bras de la Rance, *Harbour,* ainsi le fait supposer son nom, aurait été le port d'Aleth. Ce fut là, dit-on, près d'une petite chapelle dédiée à saint Antoine, au pied du mont où des remparts se dresseront un jour, que le moine Aaron accueillit Malo.

La position de l'Ile-Harbour, à 3 kilomètres Nord-Ouest au milieu des passes du Décollé et des Portes, devait attirer l'attention des ingénieurs militaires. Pourtant, il ne s'y trouvait qu'une redoute insignifiante, lorsqu'en 1689, Garangeau fit commencer, sur le type adopté par Vauban, — porte bastionnée et batterie en fer à cheval, — le fort qui existe encore actuellement.

Conservé, lors du déclassement des autres ouvrages, le *fort de l'Ile-Harbour* vient d'être dernièrement armé de canons à tir rapide (1899). D'un côté, il bat la passe du Décollé ; de l'autre, il croise ses feux avec Césembre sur la passe des Portes.

LA CITÉ

Vauban ne se lassait pas de signaler aux Malouins l'importance stratégique d'un promontoire si voisin de leur ville. « Fortifiez-moi ces hauteurs, disait-il, ou de là, quelque jour, vingt mortiers vous mettront en cendres ». Les Malouins ne voyaient pas le péril et ne voulaient pas le voir. En 1758, l'apparition de Marlborough à Saint-Servan ouvrit tous les yeux. Par bonheur, les Anglais n'avaient pas de grosse artillerie. Mais s'ils en avaient eu !

Le 28 avril 1759, on posa sur *La Cité*[1] la première pierre d'une citadelle.

Ce fut un grand quadrilatère irrégulier couvrant « le chef d'Aleth ». Du côté de Saint-Servan, entrée bastionnée, fossés, chemin couvert et glacis ; sur le front de mer, deux gros bastions commandant la rade et l'avant-port. Au Sud, relié au corps de place par un fossé et un mur crénelé, une batterie ronde, *Le Fort,* dominait Port-Saint-Père, Solidor et la Rance.

Depuis les progrès de l'artillerie moderne, cette

---

1. Tout le monde connait l'origine de ce nom. C'est sur ce promontoire que fut fondée et fortifiée l'antique *cité* d'Aleth, Kidaleth ou Quidalet. Au flanc Nord-Est du rocher, près d'une cabane de douaniers abandonnée, achève de s'écrouler un pan des murailles romaines.

position a perdu, en partie, sa valeur. De dix autres endroits, un ennemi, maître de la campagne, pourrait foudroyer Saint-Malo. La Cité, néanmoins, n'a pas été déclassée.

Son bastion Nord-Est porte une batterie d'exercice où les artilleurs du 15ᵉ bataillon font leurs classes ; sur son bastion Nord-Ouest, le génie a monté des canons à tir rapide pour arrêter les torpilleurs qui réussiraient à tourner Césembre.

LA VARDE

La pointe de *La Varde* ou de *La Garde* ferme, à l'Est, la baie de Saint-Malo.

Tout navire entrant par les Conchées doit nécessairement passer sous Césembre et sous La Varde, à moyenne portée de canon.

En conséquence, le Comité de défense des côtes décida récemment l'établissement de batteries efficaces sur la pointe de La Varde. Et ce qui vaut mieux, les travaux ont été exécutés (1898-1899).

Ces batteries neuves de La Varde appartiennent·à la fortification semi-permanente, c'est-à-dire que les épaulements sont construits, les terrains réglés, les plate-formes posées, les chemins d'accès ouverts, mais que les pièces ne s'y trouvent pas à demeure, l'ouvrage n'étant pas clos. En une heure au plus, quatorze canons de 95 à tir rapide, montés sur affut de campagne, seraient amenés, repérés et en action.

Non loin et un peu en arrière des batteries, le vieux fort de *L'Arboulé*, rebâti, vers 1748, sous le nom de fort *La Varde*, sert de parc à l'artillerie, de magasins, de caserne et de réduit.

CÉSEMBRE

A 4 kilomètres Nord-Ouest de Saint-Malo, s'élève une île, longue de 700 mètres, large d'environ 200; île sombre qu'une plage blanche creuse au centre de sa côte méridionale. C'est l'île de *Césembre*[1].

Comme les îlots voisins, Césembre, avant les affaissements et les submersions qui peu à peu se produisirent, faisait partie du continent. Des prairies restées aux environs ne disparurent définitivement qu'au xvᵉ siècle. Un registre capitulaire porte qu'en 1415, un paysan dut payer l'amende « pour avoir laissé fuir ses bêtes ès prés de Césembre », et, en 1437, ces prés étaient encore affermés 30 sols à Charles Cauchart.

Il y eut de tout temps à Césembre des chapelles et des solitaires : chapelle de Saint-Michel au Septentrion, chapelle de Notre-Dame au Midi, chapelle Saint-Sauveur au Levant, chapelle Saint-Joseph au Ponant. Festivus y réunit des disciples; on assure même que saint Malo séjourna près de lui.

Vers l'année 1420, le prêtre Raoul Boisserel, bâtit, dans une grotte de l'île, un petit oratoire dédié à saint Brandan et s'y fit ermite. En 1469, les Cordeliers construisirent, au fond de la plage, un monas-

1. S'écrivit d'abord Saint-Zembre, puis Cézembre et Césembre.

tère que François Ier visita (1518). A ces Cordeliers de l'Observance, succédèrent les Récollets bretons, de 1612 à 1686 ; puis les Récollets magdelons jusqu'en 1693, année où leur couvent fut pillé et brûlé par les Anglais[1].

Après le second bombardement de Saint-Malo (1695), Vauban dota l'île de quelques retranchements bientôt abandonnés ; en 1756, on établit au Nord-Ouest une batterie de pièces de 18, qui fut abandonnée aussi[2]. Mais lorsque l'artillerie allongeant ses portées imposa l'obligation de reculer au loin les ouvrages protégeant les ports, il fallut bien songer à fortifier sérieusement Césembre. Trente années de tâtonnements et de travaux ont abouti enfin. Outre les puissantes batteries de position qui commandent les passes des Portes et de La Conchée, les ingénieurs militaires ont ménagé des réduits pour la garnison et taillé autour de l'île des routes et des emplacements pour batteries volantes de canons à tir rapide.

Césembre est aujourd'hui le centre de la défense fixe en nos parages.

1. Voir ce que devinrent ces religieux, Chapitre III, § 1, *Couvent et chapelle Saint-François.*

2. Un peu plus tard (1779), la Légion de Nassau, formée en vue d'un coup de main sur Jersey, fut cantonnée à Césembre, afin de délivrer le pays qu'effrayaient ses actes d'indiscipline.

Césembre servait à des isolements d'un autre genre : un lazaret y fut établi.

SIÈGES ET BOMBARDEMENTS

Depuis que Jean de Châtillon en fit une ville forte, Saint-Malo a été assiégé, bombardé ou menacé six fois : quatre fois dans sa première enceinte ; deux fois dans l'enceinte, dite de Vauban. Cinq de ces attaques vinrent de l'Angleterre, une vint de la France.

SIÈGE DE 1378.

Montfort avait triomphé de Blois. Jean V, qui devait le trône ducal aux Anglais, leur bailla tant de charges à sa cour, tant de villes en ses domaines, que les seigneurs bretons, indignés, se soulevèrent et le bannirent. Londres accueillit l'exilé. Mais les fêtes de Windsor ne l'empêchaient point de songer au retour. Après cinq ans de rudes chevauchées et de vaines tentatives, Jean se morfondait en Angleterre, lorsque son beau-frère, Jean de Gand, duc de Lancastre, promit d'aller lui quérir les clefs de Saint-Malo.

Lancastre vint donc assiéger la ville avec une flotte considérable, 4,000 hommes d'armes, 8,000 archers et, selon Froissart, qui sans doute exagère, 400 canons. Il campa sur les Mielles, établit ses bombardes devant l'ancienne porte Saint-Thomas, en la dune appelée le *Gros Sillon*, battit à grand feu le rempart[1] et y fit brèche.

1. Ogée dit le *Donjon* ; il se trompe. Les Anglais battirent la courtine, à droite de la porte Saint-Thomas, porte actuelle

Plusieurs assauts se suivirent, meurtriers, opiniâ-
tres : l'un d'eux dura tout un jour. Heureusement, le
vicomte de La Berlière, le sire de Malestroit et le
seigneur de Combourg avaient amené 200 hommes.
Ce renfort, joint aux compagnies bourgeoises, permit
au capitaine de Saint-Malo, le brave Jean Morfouace,
de jeter, chaque fois, les assaillants à bas des murailles.

Et puis, Du Guesclin, le bon connétable, accourut
de Cherbourg. Son armée occupait Saint-Servan,
séparée seulement de l'ennemi par le port, les marais
des Talards et le chenal du Routhouan. Si les Anglais
s'avançaient, à mer basse, sur le Sillon et les grèves,
Du Guesclin paraissait, menaçant, sur le bord opposé ;
s'ils se disposaient à traverser les marais, Du Guesclin
refusait le combat. Ainsi, assauts et bataille devenaient
impossibles.

Lancastre feignit alors de changer le siège en blocus ;
mais, secrètement, il faisait creuser une mine au Gros
Sillon pour renverser un pan des remparts et « ouvrir
la ville ». Le vigilant Morfouace, bien renseigné par
ses espions, savait tout et laissait faire, guettant l'oc-

du Château; le *Gros Donjon* ne fut commencé qu'en 1424. Cela
n'inquiète pas les *Guides,* qui racontent qu'en réparant la brèche
ouverte au Gros Donjon, les Malouins y placèrent les trois
boulets anglais qu'on y voit encore. Ces boulets sont peut-être
des boulets de Lancastre; mais ils auront été trouvés plus tard,
en creusant les fondations du Donjon, et incrustés par les ouvriers dans le mur qu'ils bâtissaient.

casion favorable. Elle arriva. Une nuit que Richard d'Arondel gardait mal les travaux, Morfouace descendit des remparts, « rompit la mine, » égorgea les sapeurs, surprit le camp anglais et mit le feu aux tentes. Lancastre, découragé, « rentra en sa navie » et fit voile vers l'Angleterre.

Ce fut le premier siège, digne de ce nom[1], que subit la cité malouine.

SIÈGE DE 1488.

François II de Bretagne s'était fait, dans la *Guerre folle*, l'allié de Louis d'Orléans. Il s'en suivit que bientôt après la bataille de Saint-Aubin-du-Cormier, La Trémoille conduisit devant Saint-Malo son armée victorieuse.

Les Malouins se souciaient assez peu de François de Bretagne et de Louis d'Orléans. Mais le droit de « garde gardienne » cessait en temps de guerre, et la

1. Ogée parle d'un premier siège, en 1373, à la suite duquel l'armée royale reprit Saint-Malo sur les Anglais. Cette année-là, en effet, Du Guesclin chassa les Anglais des places que Jean V leur avait livrées; mais à Saint-Malo, du moins, il n'y eut pas de siège proprement dit. Salisbury, qui occupait la ville, voyant que les Malouins maudissaient le duc de Bretagne et ses alliés, s'embarqua, sans attendre l'arrivée des Français, et Saint-Malo ouvrit joyeusement ses portes au connétable.

D'autres mentionnent aussi un siège de Saint-Malo par Jean V pour ramener la ville en son obéissance (1392). Ce siège fut un simple blocus.

ville, ayant alors une garnison ducale de 1,000 hommes environ, ne pouvait agir comme bon lui plaisait. Les portes restèrent fermées à La Trémoille.

Celui-ci poussa vigoureusement le siège. A l'exemple de Jean Bureau, sous Cherbourg, il plaça ses batteries dans l'anse de Trichet, aussi loin que se retirait la mer. Chaque marée les noyait ; néanmoins les canons étaient si bien enveloppés de peaux graissées qu'ils recommençaient à tirer aussitôt que les découvrait le reflux. Cette tactique imprévue déconcerta la défense. Déjà deux brèches étaient ouvertes [1] ; les habitants murmuraient ; les troupes ducales s'agitaient, inquiètes. On accepta les conditions qu'offrait La Trémoille : les bourgeois conservaient leurs biens ; la ville, ses privilèges ; les soldats de la garnison sortirent sans armes ni bagages, un bâton blanc à la main.

BOMBARDEMENT DE 1693 [2].

C'était pendant la guerre de la Ligue d'Augsbourg.

Le jeudi 26 novembre 1693, vers une heure aprèsmidi, les guetteurs de la tour Notre-Dame virent

---

1. L'une près de la tour Mouillée ; l'autre près de la tour Battue.

2. L'année précédente, une escadre anglo-hollandaise parut au large de Césembre. Elle venait détruire vingt vaisseaux de Tourville, qui s'étaient réfugiés dans l'anse de Mer bonne et dans la Rance, après les combats de Barfleur. Mais la défense avait été si bien organisée, l'entrée de la Rance et du port si

entrer en rade, avec la marée, une flotte de dix vaisseaux de ligne, cinq galiotes à bombes et quelques autres bâtiments, corvettes, brûlots ou brigantins ; à quatre heures, elle achevait de mouiller sous le fort de La Conchée, alors en construction.

Nul ne s'inquiéta d'abord, car on attendait du Havre une flotte française, et ces navires arboraient pavillon blanc. Mais, lentement, les galiotes s'approchèrent des Beys ; puis une bombe monta dans l'air.

Aussitôt, grand émoi en la ville. Le tambour battit, la milice prit les armes, des cavaliers galopèrent sur les routes de Rennes et de Dinan, les canonniers bourgeois coururent à La Hollande, les bombardiers du roi aux pièces du Château ; capitaines et canonniers corsaires abordèrent, de mer haute, le Fort Royal, l'Île Harbour, les batteries des deux Beys. On rendit bientôt feu pour feu. L'attaque et la riposte durèrent toute la soirée et toute la nuit du 26 au 27, sans interruption. Par bonheur, le tir des Anglais était trop allongé. La plupart de leurs bombes s'enfonçaient

fortement barrées de chaînes et d'estacades, soutenues par des bateaux armés de gros canon ; des batteries, si judicieusement installées sur les remparts et au pied des remparts, à La Cité, à la pointe du Naye, au Sanitat, à la « Brassarie », que l'ennemi n'essaya point de forcer le passage (Juin 1692).

Nous ne comptons cette tentative ni comme un siège, ni comme un bombardement. Quelques boulets seulement furent échangés.

au delà de l'Éperon, dans le port ou dans les grèves. Cinq seulement tombèrent en ville ; une d'elles, éclatant sur la cathédrale, creva la grande verrière du chœur.

Pendant les deux jours qui suivirent, le bombardement continua, tantôt faible, tantôt furieux : plusieurs maisons brûlèrent ; les femmes et les enfants se réfugièrent hors des murs. Le vendredi 27, les Anglais s'amusèrent à incendier les échafaudages du fort de La Conchée et à saccager le couvent des Récollets de Césembre. Mais l'artillerie malouine, ayant pris le dessus, força les galiotes de s'éloigner au large des Beys.

Graduellement, le dimanche 29, les mortiers ennemis se turent. Monseigneur le duc de Chaulnes, gouverneur de Bretagne, était arrivé la veille avec de l'infanterie, des dragons et des bombardiers. La flotte anglaise, sans doute, abandonnait la partie. Calme trompeur !

... Entre sept et huit heures du soir, au moment de la pleine mer, tandis que les habitants soupaient tranquillement, une lueur immense rougit le ciel, et une épouvantable détonation retentit. Le sol trembla ; les ardoises et les vitres volèrent en éclats ; des vagues soulevées inondèrent les rues, des bombes et des pots à feu, des tronçons de mats, des voiles en flammes, des canons chargés, s'abattirent sur la ville, défonçant

EXPLOSION DE LA MACHINE INFERNALE

les toitures, traversant les maisons, des greniers aux caves. Tout semblait foudroyé, anéanti.

Il y avait, grâce à Dieu, plus de bruit que de mal.

On eut, le lendemain matin, l'explication de ce qui s'était passé. A quinze ou vingt toises des remparts, gisait, couchée sur le flanc, la carcasse éventrée d'un gros vaisseau, et, tout autour, des planches noircies, des bombes noyées, des cadavres.

C'étaient les débris d'un brûlot monstrueux, que depuis longtemps, en secret, les Anglais bourraient de poudre et d'artifices.

A la faveur des ténèbres, ce navire aux voiles noires avait passé devant le Fort Royal, gouvernant, dit-on, sur la poudrière de Bidouane où son capitaine espérait l'accrocher. Mais un coup de vent, peut-être la marée, le poussa contre les rochers[1]. Il s'y entr'ouvrit : l'équipage, terrifié, alluma les mèches et courut aux canots, cherchant vainement à fuir. *La Machine infernale* ne produisit qu'un effet très amoindri : la mer, en s'engouffrant dans la cale, avait mouillé les poudres.

1. La tradition généralement accréditée désigne le *Gros-Malo*. Mais des témoins oculaires et beaucoup d'auteurs contemporains affirment que le brûlot vint se briser sur la chaîne de rochers, située entre le Fort Royal et le Fort La Reine. M. de La Borderie soutient cette version. Le peintre Perrot semble aussi l'avoir adoptée dans son tableau : *Explosion de la Machine infernale*, exécuté pour l'Hôtel de Ville. :

Saint-Malo, qui devait être détruit de fond en comble, fut ainsi miraculeusement sauvé.

Revenus de leur effroi, les Malouins se donnèrent le plaisir de renvoyer au commandant anglais quelques prisonniers, avec mission de lui dire que la ville était encore debout, que les dégâts ne se montaient pas à 60,000 livres et que la seule, l'unique victime était un chat, tué sur une gouttière. Peut-être, comme tout bulletin de victoire, ce bulletin était-il un peu flatté.

Quoi qu'il en soit, le lundi 30 novembre, la flotte anglaise leva l'ancre et disparut à l'horizon.

Elle reparut trop tôt.

BOMBARDEMENT DE 1695.

Moins de deux ans après, le 14 juillet 1695, une flotte anglo-hollandaise de trente vaisseaux, quinze frégates, vingt-cinq galiotes et quelques brûlots, mouilla en ligne au Nord de La Conchée.

Les marchands de Londres avaient déclaré que le commerce anglais ne pourrait vivre tant que vivrait la Cité corsaire, et le roi-stathouder Guillaume III avait donné l'ordre à ses amiraux d'en finir, cette fois, avec elle.

Ils obéirent de leur mieux.

Deux jours durant, les vendredi 15 et samedi 16, quinze galiotes, tirant à volonté, lancèrent sur la ville au moins seize cents bombes. Huit à neuf cents y tombèrent : sept maisons furent complètement détruites; plusieurs centaines endommagées gravement. Le sang-froid des habitants empêcha de plus grands désastres : l'ordre régna dans toutes les rues, tandis que les moines, les ouvriers, les femmes mêmes, avec des seaux, du sable, des voiles mouillées, s'empressaient d'éteindre l'incendie partout où les projectiles ennemis l'allumaient.

Cependant, les batteries de La Hollande, du Fort La Reine, du Château et des forts de mer tonnaient sans relâche.

Mais le combat « le plus enragé » se livrait à La Conchée. Ce fort, terminé récemment et puissamment armé, gênait considérablement la flotte ennemie, qui sur lui s'acharna. Quatre vaisseaux de ligne le canonnaient, cinq galiotes y jetaient des bombes, deux brûlots s'y attachèrent et le couvrirent de fer et de feu. Rien ne put ébranler le chef-d'œuvre de Vauban. Jusqu'à la fin, ses pièces casematées envoyèrent des boulets rouges aux Anglais.

Ceux-ci perdirent courage les premiers : le 18 juillet, ils se couvrirent de voiles et s'éloignèrent. L'amiral Barkley aurait avoué que cette expédition lui coûtait plus de 500 hommes, une galiote coulée et deux vaisseaux fortement avariés.

A Saint-Malo, il y eut dix personnes tuées et des dégâts matériels pour 130,000 livres.

PREMIÈRE DESCENTE DE 1758.

Pendant la fatale guerre de Sept-Ans, les flottes britanniques, maîtresses de la Manche, insultaient librement les côtes de Bretagne et de Normandie. Elles venaient de ruiner Cherbourg ; elles n'oublièrent pas Saint-Malo, la vieille ennemie. Par deux fois, en l'année 1758, les armées anglaises prirent pied sur nos rivages ; avec des succès divers, il est vrai.

Leur première descente se fit à Cancale. Le 5 juin 1758, cent quinze vaisseaux, flûtes ou frégates débarquèrent, au port de La Houle, 15,000 hommes et quelques pièces de campagne. L'amiral Howe commandait la flotte, lord Marlborough [1] commandait les troupes de terre.

Marlborough assura d'abord ses communications en occupant Saint-Méloir, Saint-Coulomb et Paramé ; puis, le mercredi 7 juin, se dirigea vers Saint-Servan à la tête de 12,000 fantassins et cavaliers. Il s'empara de ce faubourg, sans coup férir, y logea ses troupes et, tantôt de la place du Naye, tantôt du promontoire de La Cité, se mit à étudier Saint-Malo et ses défenses. Cette étude faillit lui coûter cher. Les canonniers des bastions Saint-Louis et Saint-Philippe, qui épiaient les mouvements de l'ennemi, faisaient feu dès que

1. Charles duc de Marlborough, descendant, par les femmes, du fameux Marlborough, héritier du nom et du titre.

paraissaient les habits rouges. Le duc eut un dragon d'escorte tué à ses côtés. Il put constater d'ailleurs que la ville était sur ses gardes : les bourgeois aux remparts, le régiment de Boulonnais en bataille sur les quais, des canons à l'entrée du Sillon. Voyant qu'un assaut serait très chanceux et qu'un siège, avec les pièces de 4 qu'il avait amenées, serait impossible ; apprenant que des renforts accouraient de Normandie, Marlborough se contenta de « faire le dégât alentour ». Par son ordre, on incendia les magasins de la marine, les corderies du Talard, tous les navires mouillés en Solidor, au port Trichet, dans les grèves de Chasles et du Val (7 et 8 juin). Les pertes s'élevèrent à plusieurs millions.

Effroyables « brûleries » dont la marine royale, la marine corsaire, le commerce de Saint-Malo, se ressentirent longtemps. Mais « toutes ces fumées » ne donnaient pas la ville aux Anglais. Après avoir évacué Saint-Servan, Paramé, Saint-Méloir, ils se rembarquèrent, à Cancale, en si belle ordonnance que ni Boulonnais, ni les gentilshommes volontaires, ni les dragons de Marbeuf, qui les avaient suivis pour les harceler, n'osèrent troubler leur retraite (12-13 juin 1758).

Trois mois plus tard, les choses se passèrent autrement.

SECONDE DESCENTE DE 1758.

Avec la ténacité qui fait une partie de leur force, les Anglais, cette même année, tentèrent une seconde descente près de Saint-Malo. Le 4 septembre 1758, la flotte de l'amiral Howe débarqua 8,000 hommes, dont deux bataillons des gardes et 400 dragons montés, au lieu dit La Garde-Guérin, entre Saint-Lunaire et Saint-Briac. Le général Bligh et le major général Dury commandaient ces forces ; un petit-fils du roi Georges II, le jeune duc d'York, Édouard-Auguste, accompagnait l'expédition. Les Anglais établirent leur quartier général à Saint-Lunaire.

Le choix de cette base d'opérations contre Saint-Malo a toujours paru inexplicable ; et l'on s'est demandé souvent s'il fallait prendre au sérieux le plan des Anglais consistant à canonner des hauteurs de Dinard, les remparts et la ville, puis à y pénétrer en traversant l'estuaire de la Rance.

Ce plan reçut pourtant un commencement d'exécution.

En effet, l'ennemi occupa Dinard et construisit des batteries près de l'Écluse, au Moulinet et à La Vicomté (5 septembre).

Mais les Malouins ne dormaient pas. On veillait aux bastions et aux forts : à Saint-Philippe, à La Hollande, au Petit Bey, à l'Ile Harbour. La frégate du roi la *Renoncule* et six corsaires s'étaient embossés devant Dinard : quand la fumée des pièces anglaises eut révélé leur emplacement, une grêle de boulets et de bombes les culbuta.

Renonçant à prendre Saint-Malo de cette façon, Bligh regagna Saint-Lunaire, le 7 septembre. Là, des espions lui signalèrent de nombreux mouvements de troupes vers Lamballe et Dinan. Il ne songea, dès lors, qu'à rejoindre sa flotte, qui était allée s'abriter dans la baie de Saint-Cast. Par Saint-Briac, par Ploubalay, il dirigea l'armée sur Saint-Jacut, où elle campa.

Les espions disaient vrai. Le duc d'Aiguillon, commandant la province, venait d'arriver de Brest à Lamballe et y concentrait les garnisons voisines ; le tocsin sonnait dans toutes les paroisses appelant aux armes les milices bretonnes ; le gouverneur de Saint-Malo, M. de La Châtre, avec Boulonnais, la noblesse volontaire, le bataillon de Fontenay-le-Comte, deux bataillons de garde-côtes, passait à Dinard et prenait la route de Ploubalay ; le comte d'Aubiguy, parti de Lamballe, avec le régiment de Brie, un bataillon de volontaires, le bataillon de Marande et les dragons de Marbeuf, couvrait Dinan, occupait Plouer, poussait jusqu'à Pleurtuit (8 septembre).

Or, toute cette journée du 8, par une fusillade meurtrière, les quatre-vingts paysans du brave Rioust de Villes-Audrains empêchaient les Anglais de franchir l'Arguenon au gué du Guildo. Le lendemain, un traitre[1] leur indiquait le passage de Quatre-Vaux ; mais c'était vingt-quatre heures de perdues pour eux, vingt-quatre heures de gagnées pour nous. D'Aubigny et La Châtre se rejoignaient au Guildo ; le duc d'Aiguillon et les réserves approchaient de Saint-Potan : le cercle se fermait.

Le 10 septembre, les Anglais, en sortant de Matignon, échangeaient des coups de feu avec nos éclaireurs ; le 11 au matin, ils travaillaient à se rembarquer dans la baie de Saint-Cast, lorsque les forces françaises, — régiments de ligne, volontaires nobles et milices, — accourant au pas de charge, parurent de tous côtés.

Il ne restait sur la grève qu'une arrière-garde composée de 3,000 soldats d'élite. En un clin d'œil, malgré les frégates, qui tiraient à boulet et à mitraille, elle eut 2,000 hommes hors de combat : on fit quartier aux autres. « Clémence d'autant plus remarquable, dit l'historien anglais Smollet, que durant l'expédition à terre, les troupes anglaises s'étaient honteusement souillées par le maraudage, le pillage, l'incendie et cent autres excès. »

Ainsi se termina par une défaite militaire et morale la seconde descente des Anglais sur les côtes malouines.

Depuis 1758, Saint-Malo n'a pas été assiégé.

1. Un habitant de Saint-Lormel, nommé Grumellon.

CHAPITRE III

LA VILLE ECCLÉSIASTIQUE

I. — *LE PASSÉ*

LE DIOCÈSE

D'APRÈS Ogée, le diocèse de Saint-Malo était borné au Nord par la mer; au Sud, par le diocèse de Rennes; à l'Est, par celui de Dol; à l'Ouest, par ceux de Vannes et de Saint-Brieuc.

Un des plus étendus des neuf évêchés de Bretagne, il se divisait en deux archidiaconnés :

L'archidiaconné de Dinan, avec les quatre doyennés de Pouleth[1], Bécherel, Plumaudan et Poudouvre[2].

1. Pouleth ou Clos Pouleth, — corruption des mots *Plou* ou *Pou* et *Aleth*, — pays ou district d'Aleth. Ce pays d'Aleth comprenait Saint-Malo et ses environs : à l'Est, Paramé, Saint-Benoît, Saint-Méloir des Ondes, Cancale; au Sud, Saint-Servan — l'ancien Aléth — Châteauneuf, Saint-Jouan des Guérets, Saint-Suliac.

2. Poudouvre, — *Pou dou*, pays des eaux. — Le siège de ce doyenné était Saint-Énogat; Pleurtuit, Plouer, Corseul, Ploubalay, Lancieux, Saint-Lunaire, ses principales paroisses.

L'archidiaconné de Porhoët, avec aussi quatre doyennés : Beignon[1], La Nouée[2], Lohéac et Mont-fort.

En 1778, le diocèse de Saint-Malo renfermait cinq abbayes d'hommes en commende, deux abbayes de femmes, trente-huit prieurés, cent soixante et une paroisses, vingt-quatre succursales, quatre cent trente-six chapelles, non comprises les chapelles des couvents, vingt communautés d'hommes, vingt-sept de femmes, deux séminaires, — Saint-Servan[3] et Saint-Meen[4]. — Il comptait 236,500 habitants.

Ses évêques les plus célèbres furent : Jean de Châtillon, dit *saint Jean de La Grille*, fondateur de la ville (1144-1163) ; Aubert (1163-1182) ; Geoffroy, à qui Saint-Malo doit son premier Hôtel-Dieu (1230-

---

1. Beignon, doyenné situé entièrement dans le diocèse actuel de Vannes. Ses paroisses importantes étaient Ploërmel et Saint-Malo-de-Beignon, baronnie dont les évêques de Saint-Malo se titraient Seigneurs et où ils possédaient un palais, leur résidence d'été préférée.

2. La Nouée, également situé dans le diocèse actuel de Vannes. L'antiquité seule de cette paroisse, fondée en 1125 par Alain Ier de Rohan, en faisait le chef-lieu du doyenné, car autrement considérable était Josselin avec son château et son église.

C'est dans le doyenné de La Nouée, à la Lande de Mi-Voie, qu'eut lieu le combat des Trente.

3. Actuellement, caserne de la Concorde.

4. Dans l'abbaye de saint Judicaël.

1259) ; Alain Gontier, qui sécularisa le Chapitre (1318-1333) ; Josselin de Rohan (1375-1388) et Robert de La Motte (1390-1423) tous deux défenseurs des libertés malouines ; Guillaume de Montfort, cardinal de Sainte-Anastasie (1423-1432) ; Guillaume Briçonnet, dit *le Cardinal de Saint-Malo* (1493-1511) ; Guillaume Le Gouverneur, qui appela les Ursulines en Bretagne (1610-1630) ; Vincent-François Desmarets, fameux par ses procès avec le Chapitre (1702-1739) ; le pieux et docte Jean-Joseph de Fogasses de La Bastie (1739-1767) ; Antoine-Joseph des Laurents, de tragique mémoire (1767-1786) ; enfin Gabriel Cortois de Pressigny, le dernier des trente-neuf évêques qui, depuis Jean de Châtillon, gouvernèrent le diocèse (1786-1790-1801).

Aboli par la Constitution civile du Clergé et partagé entre les évêchés d'Ille-et-Vilaine, des Côtes-du-Nord et du Morbihan (1790) ; rattaché ainsi que Dol à l'évêché de Rennes par le Concordat de 1801, le diocèse de Saint-Malo fut rétabli par le Concordat de 1817. M. L'Archant de Grimouville, promu à ce siège, ne l'occupa jamais. Les Chambres n'ayant pas sanctionné le nouveau Concordat, le célèbre évêché malouin demeura supprimé.

Mais les archevêques de Rennes se titrent encore évêques de Dol et de Saint-Malo.

LE MANOIR ÉPISCOPAL

Le Manoir épiscopal, c'est-à-dire le Palais de l'Évêché et ses dépendances, comprenait : « chapelle, tour, galerie, pavillons, auditoire, prisons, celliers, faneries, greniers, écuries, jardins, garennes, colombier et cours au devant et derrière dudit Manoir. »

Cet ensemble de bâtiments couvrit, durant plusieurs siècles, l'espace actuellement occupé par l'Hôtel de Ville, le Tribunal, les bureaux de la Sous-Préfecture, la place Duguay-Trouin, partie de la rue Sainte-Anne, partie de la rue Saint-Benoît, la rue Toullier et les maisons qui la bordent; en un mot, le sommet de la ville haute.

Puis, le domaine épiscopal fut trois fois démembré ou amoindri.

En 1597, un premier démembrement eut lieu au profit du Chapitre. Celui-ci, délibérant *sede vacante,* adjoignit à son *Pourpris* le coin Nord-Est du Manoir[1] afin d'y construire la *Psallette,* la *Pénitence* et là *Théologale*[2]. Le nouvel évêque, Jean du Bec, ne parait pas avoir protesté contre cet empiétement. Plus

---

1. Du n° 7 de la rue Toullier à la rue Danycan.

2. Ces trois maisons existent encore, plus ou moins modernisées : la Psallette, n° 1 ; la Pénitence, n° 3 ; la Théologale, n° 5 de la rue Toullier.

tard, en 1616, Mgr Le Gouverneur afféagea gracieusement aux Bénédictins anglais quelques parcelles de terrain, rue des Champs-Vauvert[1], pour arrondir leur couvent. Il afféagea de même le côté occidental de ses jardins aux pieuses fondatrices du couvent de Sainte-Anne (1619).

A la suite de ces démembrements partiels, une enceinte à peu près régulière clôtura l'Évêché. Dans le mur qui, du Sud au Nord, coupait la rue Toullier[2], s'ouvrait, au centre, sur la cour d'honneur, la grande porte du Palais. Quelques pas à travers le Pourpris, et le prélat entrait en sa Cathédrale par la *Porte à l'Évêque*, — portail gauche de la façade actuelle.

Jusqu'à la Révolution, le Manoir du XVIIe siècle ne subit aucun changement notable.

Mais, le 31 août 1790, la foule, envahissant Pourpris et Manoir, détruisit partout les armoiries de l'évêque et celles du Chapitre[3]. L'année suivante, le Directoire de district vendit le Palais à la ville, qui en fit l'acquisition pour y installer le corps municipal et divers services. Le sous-préfet s'y logea en 1800.

---

1. Depuis lors, rue Saint-Benoît.

2. De l'angle du n° 1, rue de la Paroisse, — maison Lempereur, — au n° 7 de la rue Toullier.

3. Les armes de l'évêque variaient avec le titulaire. Celles du Chapitre étaient d'azur au navire d'or voguant sur des ondes de même.

Des cours et des jardins, ce qui ne fut pas transformé
en rues et en places publiques[1] fut vendu comme terrains à batir. Les dernières dépendances de l'Évêché
disparurent lors de la construction du Tribunal (1835)
et des agrandissements successifs de l'Hôtel de Ville
(1835-1870).

Il ne reste aucun vestige du Manoir épiscopal.

1. Cour d'honneur, actuellement place de l'Hôtel-de-Ville
et rue Toullier. Grand Jardin, place Duguay-Trouin.

LE POURPRIS DE L'INSIGNE CHAPITRE

Tel que l'institua Jean de Châtillon, vers 1144, l'*Insigne Chapitre* de Saint-Malo fut d'abord un Chapitre régulier, et ses membres, des religieux augustins de l'obédience de Saint-Victor-lez-Paris. Les chanoines menaient la vie monastique, couchaient dans le *Cloître*[1], en dortoir commun, préparaient eux-mêmes leur frugal repas. Ce premier Chapitre dura deux siècles environ.

Au concile d'Angers de 1319, l'évêque Alain Gontier en demanda la sécularisation. Elle fut accordée par une bulle du pape Jean XXII, datée d'Avignon, le 27 octobre.

Le nouveau Chapitre, le plus célèbre de beaucoup, s'arrogea tous les privilèges et conserva, en partie, l'organisation de l'ancien[2]. Il comptait six dignitaires : le Doyen, l'Archidiacre de Dinan, l'Archidiacre de Porhoët, le Grand Chantre, le Pénitencier et le Théologal ; plus onze chanoines prébendés et quatre chanoines semi-prébendés[3]. Huit étaient *chanoines*

---

1. Le Cloître entourait la place où fut construite, en 1718, la chapelle du Saint-Sacrement, aujourd'hui chapelle du Sacré-Cœur.

2. La co-seigneurie avec l'évêque, etc. — V. Introduction, p. 6.

3. En outre, l'évêque, chanoine de droit. Ce qui portait à vingt-deux les membres du Chapitre. Mais ce nombre a varié.

claustraux spécialement employés au chœur ; les autres étaient *chanoines forains*, employés au service des chapelles ou paroisses suburbaines. Le chanoine qui desservait la cure de la ville portait le titre de *Vicaire perpétuel* ou de *Grand Curé*.

On pense bien que ces chanoines séculiers ne faisaient point la cuisine et ne dormaient pas, comme des moines, en un même dortoir. Ils demeuraient chacun chez soi, dans le *Pourpris*.

C'était la Mense de l'Insigne Chapitre. Là, s'élevaient les maisons du Doyen[1], du Pénitencier, du Théologal, des claustraux et celle de la Psallette où s'exerçaient au chant sacré les vingt-quatre enfants de chœur de la Cathédrale. Le Grand Chantre habitait la Chanterie[2], en dehors du Pourpris.

Voici quelles étaient les limites de ce Pourpris vers le milieu du xviie siècle :

Borné au Nord par le mur des Cimetières[3] ; à l'Ouest, par l'enceinte de l'Évêché ; au Sud, par la voûte de la Chanterie ; à l'Est, par la voûte des Halles, il englobait moitié de la rue de la Paroisse, la place de la Cathédrale et la partie haute de la rue des Halles.

1. Le *Doyenné*, n° 3, rue de la Paroisse.

2. Plus exactement *Chantrerie* ou maison cantoriale. A disparu avec sa cour et sa voûte, lors de la construction de la maison Julienne.

3. V. Les *Cimetières*, même Chapitre, § 1.

Voute des Halles. — Porte orientale du Pourpris

Les deux arcades ou voûtes précitées servaient d'entrée au Pourpris. Dans les chambres qui les surmontaient, logeaient sacristains, bedeaux, chasubliers, ciriers et autres gens vivant de l'église. Munies de lourdes portes, se fermant tôt, ouvrant tard, ces voûtes faisaient du Pourpris un asile paisible et sûr; ville close au milieu de la cité murée.

Quand vint la Révolution, l'Insigne Chapitre fut supprimé et le Pourpris, mis en vente (1790).

LA PRÉCEPTORERIE.

Un an avant de mourir, Jean de Châtillon fonda, près de sa cathédrale, une *Préceptorerie* pour enseigner aux jeunes garçons lettres et religion (1162). Ce fut, très probablement, la première école de Saint-Malo. Elle se tenait dans le Cloître des chanoines réguliers, qui faisaient eux-mêmes fonction de professeurs.

Les chanoines séculiers négligèrent-ils cette œuvre si belle ? On pourrait le croire ; car, en l'an de grâce 1561, une ordonnance du roi Charles IX régla que le revenu d'une prébende de la Cathédrale serait consacré à perpétuité au traitement d'un *Précepteur* chargé d'instruire « gratuitement et sans faillance » les enfants de la ville.

Ce Précepteur, tantôt un prêtre séculier, tantôt un religieux, était nommé par l'évêque, le Chapitre et les principaux bourgeois. De 1616 à 1669, des Bénédictins anglais, désignés pour cet office, le remplirent avec zèle[1] ; mais les Bénédictins de Saint-Maur, leurs successeurs, l'ayant formellement refusé, la Préceptorerie fut de nouveau confiée à un prêtre séculier. Bien que prébendé, le titulaire n'était pas chanoine ;

1. Le premier Précepteur bénédictin fut Jean Barmez.

toutefois, il pouvait assister aux séances du Chapitre avec voix consultative.

En 1590, la Préceptorerie s'établit dans une maison achetée par le roi à cet effet : la maison de l'*Assiette*, sise rue du Cheval-Blanc[1]. Le local possédait trois salles : deux au rez-de-chaussée, l'une pour la lecture, l'autre pour l'écriture et les mathématiques ; la troisième, celle du premier étage, pour les classes de latin. Réparée plusieurs fois, totalement rebâtie en 1620, cette maison fut abattue, de 1736 à 1737, lors du quatrième agrandissement. Aussi, la pauvre école errait de place en place ; des Champs Vauvert à la Cour La Houssaye, lorsque le chanoine Delaunay de Carheil la recueillit dans sa maison de la rue du Gras-Mollet[2], « au joignant de Saint-Aaron » (1784). La Préceptorerie y devint florissante : on y enseignait alors toutes les classes, jusqu'à la Rhétorique inclusivement.

Huit ans plus tard, la Révolution « nationalisa » la

1. Actuellement, rue Mahé de La Bourdonnais. — La maison était construite en partie sur la rampe qui, de nos jours, conduit de la rue Mahé de La Bourdonnais au Fort La Reine. Elle avait appartenu jadis au Normand Jehan Le Muet, ce traître qui tenta, en 1439, de livrer la ville aux Anglais.

2. Partie Sud de la rue actuelle Mahé de La Bourdonnais. Elle allait de la rue de la Victoire à la petite rue Saint-Aaron, aujourd'hui supprimée par le Collège. La maison du chanoine était située, sur main droite, à l'angle des deux rues.

maison et dispersa les écoliers. La Préceptorerie disparut ; mais le Collège de Saint-Malo lui devra son origine [1].

1. V. *Le Collège*, même Chapitre, § II.

L'ABBAYE SAINT-JEAN

C'était une noble confrérie que la confrérie des *Hommes Blancs* érigée, vers 1240, en l'honneur de Monseigneur Saint Jean-Baptiste, pour l'avancement des bons Malouins dans la foi, piété et charité. Elle avait son Abbé, son Prévôt, ses Jurats, qui, par grand privilège[1], portaient aux processions[2] manteau blanc liseré d'or, avec le baudrier ducal, moins les hermines. Elle avait sa bannière, sa chapelle à la cathédrale[3], et, depuis 1376, maison où tenir ses chapitres.

En effet, cette année-là, Guillaume Picaut, dit Jean Morfouace ou Morte-Fouace, capitaine de Saint-Malo, donna, sans retour, à Messieurs de Saint-Jean, son hôtel, situé rue des Cordiers, tout près le rempart. Dès lors, l'hôtel fut appelé l'*Abbaye Saint-Jean*. On

1. Accordé par Jean VI de Bretagne.

2. Spécialement à la procession de la Saint-Jean que la confrérie organisait avec magnificence. Sur le parcours, on jetait aux enfants des cornets de dragées. C'est, dit-on, l'origine des *Cornets de la Saint-Jean* qui se vendent encore aujourd'hui à la procession du *Grand Sacre* ou de la Fête-Dieu.

Le soir de la fête, les Hommes Blancs allumaient deux feux de la Saint-Jean, l'un sur la place de la Cathédrale, l'autre sur la place Saint-Thomas.

3. D'abord la chapelle, à gauche du chevet. Plus tard, la chapelle Saint-Jean, depuis, chapelle Saint-Joseph.

l'orna bientôt d'une tour ou clocher, célèbre en nos annales.

Sans doute, le présent de Morfouace s'accrut ensuite de quelques dépendances, car, au XVIᵉ siècle, l'Abbaye nous représente un groupe de bâtiments couvrant l'espace actuellement occupé par la Halle au Blé et les rues qui l'isolent.

La Salle de l'Abbaye Saint-Jean servit longtemps aux bourgeois de Maison commune.

Tout passe et meurt. Après avoir joui pendant cinq siècles d'une influence considérable, la confrérie disparut si complètement que Mgr des Laurents en attribua les biens à l'œuvre de la *Marmite des Pauvres* (1785). Sur le terrain d'un des immeubles mis en vente (1789), M. Nouail de La Ville-Gilles fit élever le vaste bâtiment, qui, après avoir servi de local à la Marmite des Pauvres[1], devint et resta jusqu'à ces dernières années, l'Entrepôt des Douanes[2].

La rue de l'Abbaye Saint-Jean n'a été ouverte qu'en 1720.

---

1. Voir la plaque de marbre actuellement déposée en la Salle de la Société historique et archéologique.

2. Dans notre enfance, les *sauniers* au large chapeau noir, à la longue blouse grise, aux guêtres montantes, y amenaient encore des sacs de sel sur leurs mules pomponnées. L'Entrepôt a disparu lors du récent agrandissement des Halles.

LA CHAPELLE SAINT-THOMAS

Sur la place Chateaubriand actuelle, juste en face de l'endroit où s'éleva plus tard la tour *Quic en groigne*, fut fondée, il y a très longtemps, peut-être dès la fin du XIe siècle, une petite chapelle dédiée, ainsi que le prieuré y attenant, à saint Thomas de Cantorbéry. Tout le quartier portera le nom de quartier Saint-Thomas.

La Maison-Dieu que fit construire, en son voisinage, l'évêque Geoffroy (1252), engloba la chapelle Saint-Thomas, sans la détruire. Après l'abandon de cet hôpital quatre fois séculaire (1612), elle fut conservée, puis remise à neuf (1652), aux frais du nouvel Hôtel-Dieu. C'était le titre canonial et la prébende du onzième chanoine, à charge pour lui d'y célébrer ou faire célébrer la messe basse dimanches et jours de fête. Aux jours de calamité publique, on y chantait une messe de station.

Pélerinage fréquenté des marins, qui l'ornaient de nombreux *ex-voto*[1], la chapelle Saint-Thomas fut aussi, jusqu'en 1792, chapelle de catéchismes et de

---

1. Entre autres, le curieux tableau d'un navire attaqué par un poulpe monstrueux que les matelots fusillaient du haut des hunes.

retraite pour les enfants de la première communion. La Révolution ferma le sanctuaire vénéré.

Il ne devait pas se rouvrir. Vainement le généreux Boursaint proposa de restaurer à ses dépens la vieille chapelle (1826). Le curé d'alors, M. Lebreton, rejeta son offre, et la chapelle Saint-Thomas servit d'écurie à l'*Hôtel du Chêne-Vert.*

En 1879, l'Hôtel et les restes déshonorés de la chapelle ont été démolis pour bâtir le *Café Continental.*

NOTRE-DAME DE GRANDE PUISSANCE

Construite, en 1541, près des remparts, au bout de la rue du Bey ou du Boyer, la chapelle Notre-Dame de Grande Puissance, dédiée à la Vierge sous cette invocation, devint bientôt pour toute la population malouine un sanctuaire préféré et un lieu de pèlerinage habituel.

On y célébra longtemps les grands mariages, à minuit, comme la mode le voulait alors.

Les matelots, pieds nus, en chemise, une chandelle de suif à la main, y venaient accomplir les vœux « faits au péril de mer ». Ils recevaient un évangile en l'honneur de Notre-Dame, un autre en l'honneur de Monseigneur saint Malo, mettaient deux sols dans le tronc, suspendaient à la voûte un petit vaisseau finement gréé, modèle de celui qu'ils montaient pendant la tempête, et s'en allaient, chantant des cantiques.

Riche en *ex-voto* de ce genre, Notre-Dame de Grande Puissance, l'était aussi en ornements précieux. Elle possédait un calice, une croix et des chandeliers d'argent, deux sceptres d'argent massif et une statue de la Vierge, du même métal.

En 1792, la chapelle fut partiellement démolie afin d'élargir la rue, très étroite en cet endroit. Ce qui

en reste est occupé maintenant par un atelier de
chaises [1].

Mais les noms de Montée Notre-Dame, tour
Notre-Dame, corps de garde Notre-Dame, rappel-
lent encore à nos souvenirs Notre-Dame de Grande
Puissance.

1. Rue Sainte-Anne, n° 2. — On distingue encore les vestiges
du clocher.

COUVENT ET CHAPELLE
SAINT-BENOIT

Jacques Ier Stuart persécutait les catholiques, et surtout les moines, en ses royaumes. Au mois de février 1611, débarquèrent à Saint-Malo quelques Bénédictins anglais conduits par leur prieur Guillaume Gifford, en religion Dom Gabriel de Sainte-Marie. Pendant cinq ans de séjour à Clermont, en Paramé, les fugitifs gagnèrent la confiance de l'évêque, Mgr Le Gouverneur, qui gratifia Gifford de la prébende théologale et Jean Barmez de l'office de Précepteur. Puis quand ces religieux eurent acquis des sieurs Pépin, Bergeot et Trotet trois maisons et jardinets, à Saint-Malo[1], le prélat leur permit d'y élever, sous le vocable de Saint-Benoît, couvent de refuge et chapelle (1616-1617).

Mais de graves difficultés avec le Chapitre ainsi qu'avec le nouvel évêque Mgr de Harlay, retardèrent jusqu'en 1637 l'achèvement de la chapelle. D'autres difficultés vinrent du roi, qui voulait imposer un supérieur français. Finalement, les pauvres exilés, perdant courage, offrirent leur couvent aux Jésuites de Saint-

---

1. Sis au placitre Saint-Aaron, près les Fours du Chapitre.

Aaron, puis le vendirent aux Bénédictins français de Saint-Maur et se retirèrent à Paris (1669).

Les Bénédictins français reçurent de larges aumônes. Dans la seule chapelle, dont ils firent « la perle de la congrégation », ils dépensèrent plus de 200,000 livres. On y accourait en foule admirer le grand autel, tout en marbre blanc, contempler les trois belles statues de la Foi, de saint Benoît et de saint Maur, œuvres de l'Italien Schiaffino[1], entendre les orgues et les chants. Le peuple aimait beaucoup les nouveaux moines qu'il avait, dans son ignorance, baptisés les « Capucins de Saint-Malo ».

Voilà pourquoi la vieille rue des Champs-Vauvert, qui montait au couvent, prit le nom de rue Saint-Benoît.

Hélas, aux jours dorés, succédèrent les jours noirs. Quoique très riche, ou parce que très riche, la communauté ne se recrutait plus. Il y restait trois Pères, lorsqu'en avril 1790, la Révolution la supprima.

Les immeubles « nationalisés » furent morcelés et vendus ; la chapelle et le cloître, transformés en greniers (1797). L'entrepôt des tabacs en feuilles occupa ensuite ces derniers bâtiments, demeurés propriété de l'État (1812). Il les occupe encore. Bien que modi-

---

1. Ces trois statues et les colonnes de marbre de l'autel ornent maintenant le grand autel de la Cathédrale.

fiés et défigurés, on retouve facilement leur destination première. La chapelle est particulièrement reconnaissable à ses arcs-boutants et à ses pinacles [1].

1. Les vastes magasins à quatre étages, qui s'élèvent à l'angle des rues Saint-Benoît et Danycan, sont de construction moderne (1833). Sur leur emplacement et dans leur voisinage, existaient autrefois partie des cimetières paroissiaux, la Prison du Chapitre ou des Cimetières et les Fours du Chapitre.

COUVENT ET CHAPELLE
DE LA VICTOIRE

En 1615, quatre pieuses dames de Saint-Malo : Servanne Le Gobien, Françoise Porée, Jeanne Gaultier et Perrine Groult demandèrent à Mgr Guillaume Le Gouverneur l'autorisation de fonder un couvent à leurs frais. Conseillé par le Père Dom Gabriel de Sainte-Marie, prieur des Bénédictins anglais, l'évêque agréa la supplique (1616).

Les murs s'élevèrent aussitôt, sur l'emplacement du château Gaillard, construits avec les matériaux provenant de la forteresse démolie. Le 27 février 1622, Monseigneur consacra la chapelle à Notre-Dame de la Victoire. Ce nom, un peu abrégé, devint celui du couvent et de la rue qui le longe [1].

Dès son achèvement, les fondatrices offrirent aux religieuses bénédictines le couvent de la Victoire.

Il servit surtout de maison de retraite pour les veuves de noblesse et de bourgeoisie malouine. On les y recevait moyennant une modique pension ; on en recevait même gratuitement un certain nombre, grâce à une fondation charitable.

---

1. La partie orientale de cette rue, qui descend en escaliers vers la Cour La Houssaye, a longtemps porté le nom de *rue de la Grille*.

Comme toutes choses humaines, ce couvent eut sa grandeur et son déclin. Trente et une religieuses de chœur et trois sœurs converses l'habitaient en 1730 ; soixante ans après, le 4 octobre 1792, la Révolution n'y trouva que seize religieuses de chœur et huit converses. Elles furent expulsées, cela va sans dire.

Une caserne occupa le couvent (1795).

Récemment agrandie, la caserne de la Victoire loge aujourd'hui la musique et la section hors-rang du régiment d'infanterie en garnison à Saint-Malo. Le bâtiment principal laisse voir distinctement les arceaux du cloître encastrés dans le mur. L'ancienne chapelle conventuelle existe encore, près de l'entrée, à droite ; elle a été convertie en magasin d'habillement. Son architecture n'offre d'ailleurs rien de remarquable.

Le grand tableau de la *Bataille de Lépante* qui orne actuellement la chapelle de la Sainte-Vierge, à la cathédrale, ornait autrefois la chapelle de la Victoire.

COUVENT ET CHAPELLE
SAINT-FRANÇOIS

Les Récollets de Césembre désiraient beaucoup posséder un pied-à-terre à Saint-Malo. Parce qu'ils étaient vénérés et populaires, on leur céda volontiers une maison, située près des remparts du Sud [1]. Ils y installèrent dortoir, réfectoire, chapelle, et la dédièrent à leur patron saint François (1618). Peu à peu, le pied-à-terre se transforma en résidence fixe, le nombre des religieux augmenta, si bien que ce local ne suffisait plus.

Alors, grâce aux largesses de Mlle Charlotte Le Fer, les Récollets bâtirent un spacieux couvent avec une grande chapelle à côté de l'ancien [2], qui sera désormais le *Vieux Couvent* (1642). Il y eut, depuis cette année-là, deux couvents de Récollets très distincts : l'un à Césembre, l'autre à Saint-Malo [3].

1. Au coin de la rue des Vieux-Remparts et de la rue Robert Surcouf.

2. Rue Robert Surcouf, rue Saint-François et rue des Vieux-Remparts.

3. Ces deux couvents appartinrent à la province de Bretagne jusqu'en 1686, époque où les Récollets de Saint-Malo s'incorporèrent à la province de La Magdelaine, dite d'Anjou. — Quand Césembre eut été pillé par les Anglais (1693), ses religieux allèrent s'établir à Saint-Servan, au lieu dit La Roulais.

Couvent Saint-François

Le deuxième accroissement avait détruit les vieux remparts. Du terrain gagné, l'évêque et le Chapitre accordèrent aux Récollets quatre-vingts toises : ce don leur permit d'élever en face des deux premiers, le beau couvent à deux étages dont l'entrée principale s'ouvrait rue de Toulouse. Une voûte ou arcade, franchissant la rue des Vieux-Remparts, fit communiquer le nouvel édifice avec le Vieux Couvent, tandis qu'une galerie souterraine le reliait à la chapelle et au couvent de la rue Saint-François [1].

Voûte et galerie existent encore. Mais les couvents ont changé de destination.

Évacués par les Récollets, le 21 mai 1791, ils furent convertis, la chapelle en Temple de la Raison et en club (1793) ; les bâtiments, en magasin à fourrage, puis en caserne (1795). Des appropriations successives et de nouvelles constructions en ont fait la caserne d'infanterie actuelle, dite caserne Saint-François, rue de Toulouse [2].

1. La rue tire son nom du couvent. Elle est triste et étroite ; pourtant, au n° 5, existe un hôtel que l'on croit avoir été, momentanément, l'hôtel de la Compagnie des Indes, quand cette Compagnie eut son siège à Saint-Malo.

2. Entrée, cour et façade donnent sur la rue de Toulouse ; mais la troupe occupe les trois couvents.

LES FILLES DE LA PASSION

Ces religieuses avaient pour mission spéciale l'instruction des petites filles pauvres de la ville.

Nous ne savons la date exacte de leur fondation. Ce qui est certain, c'est qu'en 1623, Jean Salmon, sieur des Chesnayes, les installa dans un couvent, bâti au midi de la cour d'entrée de l'Hôtel-Dieu, mais complètement indépendant de cet Hôpital.

En 1793, la Révolution les ayant chassées de leur couvent, les Filles de la Passion se retirèrent à La Bertaudière [1] où, dès 1796, elles rouvrirent une École de Charité. Sous le premier Empire, la ville leur confia l'École communale des filles, et le Bureau de Bienfaisance fit construire, pour loger les maîtresses, une petite maison, joignant, rue Saint-Sauveur, la maison des Sœurs de la Charité (1806). Mais les Filles de la Passion ne se recrutaient plus. Elles cessèrent d'exister en 1812.

Les Sœurs de la Charité de Saint-Vincent de Paul leur succédèrent alors, et à l'École communale et dans la petite maison Saint-Sauveur, qui devint plus tard la Pharmacie (1820).

1. Vaste maison bâtie, en 1698, par Claude Crosnier, sieur de La Bertaudière, à l'extrémité occidentale de l'ancien château Gaillard. Elle existe encore entre la rue de Bel-Air et la rue Manet, sa façade donnant sur les remparts.

LES URSULINES DE SAINTE-ANNE

Un Jésuite de Rennes, le Père Girard, qui prêchait en 1613 à Saint-Malo, s'émut de la profonde ignorance où étaient plongées les jeunes filles pauvres de la ville. Il exhorta, il supplia les âmes généreuses d'ouvrir une école pour donner aux adolescentes l'instruction nécessaire.

Trois demoiselles malouines, Françoise Anne, Hélène Gauchet et Hélène Le Mombrier, répondirent à son appel. En 1619, l'évêque leur ayant afféagé une partie des jardins épiscopaux, elles bâtirent, sous l'invocation de Sainte-Anne, dans la rue qui prit ce nom, un couvent et une chapelle (1619-1622). Françoise Anne en fut la première supérieure.

Mais la tâche lui parut bientôt trop lourde, et, d'accord avec les fondatrices, Mgr Le Goûverneur confia le nouveau couvent aux Ursulines.

Ces religieuses y enseignèrent jusqu'en 1792. Chassées de leur maison « nationalisée » les Ursulines n'y revinrent pas. Elles se réunirent, en 1820, à La Roulais, dans l'ancien couvent des Récollets, appelé dès lors couvent de Sainte-Anne. Il a conservé ce nom, bien qu'il appartienne depuis longtemps aux religieuses de l'Adoration des Sacrés-Cœurs de Picpus. Les Ursulines n'avaient pu réussir à Saint-Servan.

Après le percement de la rue Toullier, qui l'éventra, et les modifications qui transportèrent sa façade place Duguay-Trouin, le couvent de Saint-Malo devint et resta, nombre d'années, le *Grand Café Paravicini ;* il renferme aujourd'hui le sous-commissariat de la Marine, l'école d'hydrographie et les magasins Mathonet.

Rue Sainte-Anne, on reconnaît facilement l'entrée primitive de l'ancien couvent : un portail de granit, à deux colonnes, surmonté d'une niche.

LA MAISON DE LA PROVIDENCE

L'idée de créer un établissement charitable qui fournirait aux pauvres gens des secours et surtout du travail est due à saint Vincent de Paul, lorsqu'il institua en notre ville la pieuse Confrérie laïque des *Dames de la Charité*.

Mais les moyens de réaliser cet admirable projet firent longtemps défaut.

En 1681, l'année même où la marquise de La Marzellière appelait à Saint-Malo les Sœurs de Saint-Vincent de Paul, Mlles Gardin-Després, Marie Pierrecour et Thambrée de La Motte fondèrent, près de l'Hôtel-Dieu, la *Maison de la Providence du travail des pauvres*.

Pendant plus de deux siècles, un bureau tenu par les Dames de la Charité y procura aux indigents valides, selon leur métier et leurs forces, des travaux équitablement rétribués; il prodiguait aussi les secours à domicile aux « malades et pauvres honteux ».

Aujourd'hui la Maison de la Providence subsiste encore[1]; depuis quelques années, l'œuvre, du moins

1. Rue Maupertuis, n° 5. — La maison actuelle n'est pas la maison primitive, ou elle a été rebâtie, car elle porte la date de 1712.

sous sa forme première, n'existe plus. Le local a été loué à des particuliers, et ses loyers, joints à certains autres revenus, sont distribués en vêtements, aumônes et charités de toutes sortes par l'entremise des Sœurs de Saint-Vincent de Paul.

LES CIMETIÈRES

Outre le chœur de la cathédrale et ses collatéraux, dernière demeure des évêques ; outre le caveau du Chapitre, où dormaient les chanoines, sous la chapelle du Saint-Sacrement ; il y avait dans le vieux Saint-Malo de nombreux cimetières [1].

Il y en avait trois, situés sur l'emplacement de la rue André Desilles, de la rue Danycan et des maisons qui les séparent ou les bordent. C'étaient les cimetières paroissiaux : au centre et au Nord-Ouest, le Grand Cimetière, dit *Cimetière du Dieu de Pitié* « à cause de la Chapelle du Dieu de Pitié y étant » [2] ; le *Cimetière d'à haut*, du Nord-Ouest au Nord-Est [3] ; et, tout en bas, au Sud, le *Petit Cimetière*. Un mur allant de la Psallette à la maison, sise près la porte des Halles [4], — mur percé d'une porte exclusivement

1. Nombreux, mais fort exigus. Aussi un ancien édit, renouvelé en 1631, permettait aux Malouins de choisir le lieu de leur sépulture.

2. Fut supprimé de 1672 à 1676. Sur le terrain qu'il couvrait, s'élevèrent successivement l'hôtel du Flachet, de Plouer ou de Beauvais Lefer, — actuellement dépendance du collège, — et partie des magasins modernes de l'Entrepôt des Tabacs.

3. A fourni les jardins qu'on aperçoit à droite de la rue André Desilles.

4. Du nº 1 de la rue Toullier, à la maison de modes Jouarre-

réservée aux inhumations, — isolait ces cimetières du Pourpris.

Un quatrième cimetière, celui de La Hollande, cimetière des pauvres et de la garnison du Château, longeait les *Petits Murs* jusqu'à la Montée Notre-Dame. Près de La Hollande, sa partie Nord-Ouest, dont quelques auteurs font un cimetière distinct, recevait les juifs et les protestants [1]. Quant aux suppliciés et aux impies qui avaient refusé les sacrements, on les « ensablait » dans la haute grève de Bon-Secours [2].

Le 3 août 1758, fut bénit le nouveau *Cimetière des Écailles* [3]. Il était situé derrière le bastion Saint-Philippe, et devint le cimetière des riches.

De plus, l'Hôtel-Dieu possédait son cimetière, et tous les couvents leur cimetière privatif.

Lesage. — Mention est faite, vers l'an 1500, d'une rue des Cimetières montant à Saint-Aaron; peut-être le mur de clôture n'existait-il pas alors.

1. Il y eut aussi un cimetière protestant derrière La Croix des Ardrillés. Exactement, sur l'emplacement actuel de la banque Samuel Sire.

2. Entre l'ancienne poterne de Bon-Secours et la porte Saint-Pierre.

3. Ainsi nommé parce qu'on avait comblé l'espace conquis sur la mer, après le deuxième accroissement, entre le nouveau rempart et l'ancien, avec les « poussiers » de la ville, en grande partie composés d'écailles d'huîtres, de moules, d'ormais et autres mollusques.

En 1779, un cimetière extérieur, le cimetière actuel[4], remplaça les cimetières publics. Pauvres et riches y reposent dans l'égalité de la mort.

4. Construit dans les terres encore humides des Talards, il porta longtemps le nom de *Cimetière des Marais*. Le peuple l'appelait familièrement *le Clos à Pihuit*, soit que ce Pihuit ait été le propriétaire du terrain, soit qu'il y ait été inhumé le premier.

II. — LE PRÉSENT

—

LA CATHÉDRALE

On ne sait trop à quelle date, saint Gurval, évêque d'Aleth, érigea, sur le rocher d'Aaron, une église en l'honneur de saint Malo son prédécesseur. Les lieutenants de Charlemagne l'ayant incendiée (811), l'évêque Hélocar ou Haslogar obtint de cet Empereur, puis de son fils Louis le Débonnaire, quelques subsides et l'autorisation de relever l'édifice détruit. Hélocar se mit à l'œuvre, en 813, et dédia la nouvelle église sous le vocable de saint Vincent, diacre martyr (816).

De l'église du IX siècle, que reste-t-il aujourd'hui ? Probablement les piliers carrés de la nef centrale, mais les piliers seuls, car les chapitaux variés qui les surmontent, les voûtes à cintre brisé qui les joignent, annoncent déjà la période romane. Voilà dans quelle mesure il est vrai de dire qu'une partie de notre cathédrale remonte aux temps de Charlemagne.

Plus difficile est l'entente sur l'époque où fut construit le chœur.

Lorsque Jean de Châtillon rendit à l'église Saint-Vincent son nom primitif d'église Saint-Malo et en

fit sa cathédrale (1152), il rebâtit la nef et le chœur
d'après un plan digne de leur destination future. Or,
des historiens, non sans mérite, D'Argentré, Lobineau, Porée du Parc, veulent retrouver dans le chœur
actuel celui que l'évêque Jean entreprit et acheva. Les
archéologues, au contraire, affirment qu'il n'en subsiste pas trace ; et le style du chœur leur donne raison :
ses colonnes amincies, son triforium aux arcades tri-
lobées, ses voûtes traversées de nervures, ses fenêtres
rayonnantes, ne peuvent guère devancer le XIVᵉ siècle.
Malgré la tradition et l'histoire, il faut donc admettre
que l'œuvre de Jean de Châtillon, du moins en ses
parties hautes, a été reconstruite beaucoup plus tard[1] ;
peut-être par Mgr Raoul Rousselet (1310-1317). Les
stalles datent de 1451.

Un chevet droit, percé d'une large baie[2], termine
le chœur. Les vitraux de cette baie, ainsi que ceux
des fenêtres latérales, sont modernes. Ils ont été posés
en 1855.

1. Aux siècles où écrivaient D'Argentré, Dom Lobineau et
Porée du Parc, l'art gothique était méprisé, réputé *barbare* et,
par suite, mal connu. N'est-il pas admissible que les caracté-
ristiques qui distinguent le style ogival du style roman aient
échappé à ces savants ? Nous hasardons cette explication de
leur erreur.

2. En l'année 1693, le mur et la verrière du chevet furent
crevés par une bombe anglaise. D'autres projectiles frappèrent
et marquent encore l'aile Saint-Côme.

Moderne aussi, le maître autel. Le dais, de style gothique, est soutenu par six colonnes grecques en marbre blanc, provenant, comme les belles statues de Saint-Benoît, de Saint-Maur et de la Foi qui ornent le retable, de l'ancien couvent des Bénédictins [1]. Le tabernacle, en bois doré, est merveilleux de sculpture. Sous l'autel, une statue couchée de Jean de Châtillon [2] indique le caveau qui renferme les restes du bienheureux. Jusqu'à la Révolution, son corps avait reposé, à gauche du chœur, en une auge de granit, entouré de ses frères dans l'épiscopat, car le sanctuaire et les chapelles environnantes sont pavés des pierres tombales qui couvrent la sépulture de nos premiers évêques.

Derrière le chœur existaient jadis trois chapelles : au centre, l'autel Saint-Charles ; à droite l'autel du Saint-Esprit ; à gauche, l'autel Saint-Jean, dédié ensuite à Saint-Éloi [3]. L'autel Saint-Charles, le premier rétabli depuis la Révolution, est devenu l'autel Sainte-Anne, après avoir été l'autel Saint-Célestin. On y vénère encore, enfermées dans une image de cire, les reliques de ce martyr, don précieux de Pie VII à Mgr de Pressigny, dernier évêque de Saint-Malo,

---

1. V. *Couvent et Chapelle Saint-Benoît*, p. 161.
2. V. *Jean de Châtillon*, Chapitre IV, § 11.
3. Après la construction de la Chapelle Saint-Jean, à gauche du transept.

Nef et Chœur de la Cathédrale

(Cliché Bonnesœur).

qui voulut en enrichir sa chère cathédrale (1817). Quant aux deux autres chapelles, longtemps masquées par des confessionnaux, elles ont récemment fait place, celle de Saint-Éloi à l'autel Notre-Dame de la Pitié ; celle du Saint-Esprit, au tombeau de marbre qui témoigne la reconnaissance des Malouins envers M. Huchet, leur *Grand Curé*.

Ainsi que le chevet, les collatéraux du chœur avaient des chapelles ou chapellenies [1].

Il s'en trouvait deux au collatéral Sud. Elles ont disparu. Les chapelles du collatéral Nord [2] : Notre-Dame de la Délivrande (1530), Notre-Dame (1360), Saint-Denis (1600), existent toujours mais considérablement exhaussées.

En effet, jusqu'en 1676, le chevet et les deux collatéraux s'enfonçaient d'environ neuf pieds en contre-bas du chœur. Dix-sept degrés y conduisaient. Un pont dormant, jeté sur ce fossé, faisait communiquer le chœur avec la Salle du Chapitre, — aujourd'hui chambre haute de la *Vieille Sacristie* [3]. — Les collatéraux furent comblés avec les terres extraites du Grand Cimetière [4] (1676). Mais de semblables différences de

1. Les chapellenies étaient les bénéfices des chanoines.
2. Nous parlons de la chapelle Notre-Dame de la Pitié.
3. Une nouvelle sacristie est maintenant aménagée près de la chapelle du Sacré-Cœur.
4. V. *Cimetières*, p. 173.

niveau se rencontrent encore dans notre église, bâtie
à flanc de rocher. On descend par dix marches du
grand portail à la nef, et par dix marches aussi du
transept à la porte des Halles.

Malheureusement des agrandissements successifs
et disparates ont défiguré l'intérieur et l'extérieur
de la cathédrale. Tous les styles s'y mêlent et s'y
heurtent.

Nous avons vu que les piliers [1] appartiennent à une
époque très reculée ; la nef, au xiie siècle ; le chœur
au commencement du xive. Or, les chapelles du transept, chapelle du Rosaire, — actuellement de la Sainte-
Vierge, — et chapelle Saint-Jean, — actuellement de
Saint-Joseph, — sont toutes deux du xviie siècle [2].
La côtale méridionale, aile droite, dite de *Saint-Julien*,
qui date du xve siècle (1461-1486), a été fortement
remaniée lorsqu'on édifia la chapelle du Rosaire (1623),
et surtout lorsque fut élevée la chapelle du Saint-
Sacrement, — actuellement chapelle du Sacré-Cœur,
— destinée à servir de paroisse [3] (1718). La côtale

1. Au pied de chacun de ces piliers se trouvait autrefois un
autel. — C'est un oubli de notre part qu'il convient de réparer
afin de restituer autant que possible la physionomie de l'ancienne cathédrale.

2. La chapelle de la Vierge a été complètement restaurée
en 1886 et la chapelle Saint-Jean en 1888.

3. Avant 1790, la messe paroissiale ne se célébrait jamais au
chœur, uniquement réservé au Chapitre.

septentrionale, aile gauche, dite de *Saint-Côme* [1], due à Poussin, architecte du roi [2], fut bâtie de 1595 à 1607. Là chapelle des fonts baptismaux a été achevée en 1713 ; la façade en 1712 ; et le grand portail en 1713. La *Porte à l'Évêque* [3] est très ancienne ; la *Porte de Velours* remplaça, en 1852, la vieille *Porte du Cloître* [4]. Côtales, façade et chapelles sont marquées au cachet du temps : style pseudo-grec, décorations prétentieuses et de mauvais goût.

Que ne savait-on alors agrandir une église en respectant son architecture primitive !

Parmi les richesses archéologiques que renferme la cathédrale, signalons ses belles orgues du xve siècle ; parmi les richesses artistiques, citons, outre les marbres du maître-autel : dans la chapelle de la Sainte-Vierge, la *Bataille de Lépante ;* dans la nef, la *Descente de Croix,* de Santerre, qu'un Anglais voulut acheter, dit-on, en couvrant d'or la surface de la toile, et le magnifique Christ d'ivoire, placé devant la chaire [5].

1. En sortant par la porte de ce nom, rue Toullier, on remarque dans la muraille extérieure, à droite, la *fontaine lustrale* où l'on puisait l'eau destinée à être bénite.

2. Il ne faut pas confondre Thomas Poussin, l'architecte, avec le peintre Nicolas Poussin.

3. Près des fonts baptismaux.

4. Le Cloître fut démoli pour faire place à la chapelle du Saint-Sacrement. Sous les dalles du Cloître et par suite, sous cette chapelle, était le caveau mortuaire des chanoines.

5. Rappelons ici que la *Bataille de Lépante,* vient du couvent

Commencé par Jean de Châtillon, exhaussé par Robert de La Motte, dans le style ogival fleuri (1422), le clocher de Saint-Malo resta longtemps coiffé d'un lourd casque d'ardoises, au sommet duquel le télégraphe aérien agita, soixante ans, ses bras. Enfin, de 1859 à 1861, M. le curé Huchet fit raser ce dôme écrasant et, sur la plate-forme, éleva la flèche légère qui, « comme un mât de navire », domine la ville et les flots.

Durant la période révolutionnaire, la cathédrale servit tour à tour de magasin, de temple de la Raison et de l'Être Suprême. Le 1er novembre 1800, elle fut rendue au culte catholique; mais le culte ne put y être célébré que l'année suivante, à cause des dépradations commises.

Les sept cloches qui sonnaient au clocher, en 1789, passèrent les unes à la fonte, les autres aux communes voisines[1]. *Noguelle* et le *Gros Malo*[2] échappèrent aux

de la Victoire; la *Descente de Croix* et le Christ d'ivoire, de la chapelle du Château.

1. *Martin* fut donné à Saint-Servan; *Guillaume,* à Paramé; *Françoise, Jeanne* et *Perrine* furent fondues.

2. Depuis un temps immémorial, la plus grosse cloche de la cathédrale porte le nom de *Malo.*

Celle dont il s'agit ici fut fondue, en 1750, près de La Hollande, et, selon la légende, les dames de la ville jetèrent dans le métal en fusion de précieux bijoux. Grâce à l'obligeance de M. J.-M. Hamon, il nous a été donné d'examiner un des fragments du vieux Malo. De fait, le bronze est pailleté d'or.

arrêts des proconsuls : Noguette sauvée par les souvenirs de Rio-Janeiro ; le Gros Malo, par le citoyen maire, Charles Moullin, qui sut persuader au représentant Le Carpentier que « le timbre de cette cloche, annonçant désormais les fêtes de la Raison, serait pour la Superstition le plus cruel des supplices ».

Mais ni Malo, ni Noguette ne devaient échapper aux outrages du temps.

En 1894, nos deux vieilles cloches, Noguette déjà refondue à Rennes (1834) et le Gros Malo, fêlé, percé, usé, furent envoyées aux creusets de Villedieu. Elles en revinrent augmentées de 2,000 kilos et accompagnées de deux autres : *Jacques Cartier* et *Jean de Châtillon*. Ainsi la cathédrale possède maintenant un beau carillon de quatre cloches, — qui n'ont plus d'historique que le nom.

Le couvre-feu sonne encore chez nous à dix heures du soir ; la nouvelle Noguette tinte les neuf coups ; Jean de Châtillon donne la volée.

NOTRE-DAME AUXILIATRICE

C'est l'église de Rocabey-Saint-Malo, la paroisse *extra-muros*.

M. Huchet en est le fondateur. Prévoyant que les nouveaux quais, le Sillon, les abords de la gare, allaient se couvrir de magasins et de chantiers, de villas et d'hôtels, habités par une population de jour en jour plus nombreuse, le *Grand Curé* entreprit de bâtir une église, au milieu des marais desséchés du Talard, sur l'emplacement de l'ancienne chapelle Notre-Dame des Anges. Il obtint aussi l'érection en paroisse de tout le quartier Rocabey (1870).

L'église fut bénite, le 18 avril 1872, sous le vocable de *Notre-Dame Auxiliatrice*. On la nomme communément Notre-Dame de Rocabey ou Notre-Dame des Grèves.

Construction de style ogival, Notre-Dame Auxiliatrice, avec ses deux tours sans aiguilles, représente assez bien, extérieurement, une réduction de Notre-Dame de Paris.

Depuis 1884, se dresse entre les tours la statue de la Vierge.

SAINT-SAUVEUR·

Officiellement chapelle de l'Hôtel-Dieu, Saint-Sauveur est aussi chapelle de secours pour le quartier voisin, le quartier de Dinan.

Érigée en même temps que le nouvel Hôtel-Dieu (1607), la première chapelle Saint-Sauveur suivait une direction perpendiculaire à celle que, plus tard, suivit la seconde, c'est-à-dire que sa côtale Nord longeait la rue et que sa grande porte donnait sur la cour de l'hôpital. Cette chapelle était vaste et très ornée. Le chœur contenait trois autels ; celui du milieu, dédié à *Monseigneur Saint-Sauveur du Monde*. Il existait six chapelles latérales : trois du côté de l'Épître, trois du côté de l'Évangile. Un nombreux clergé desservait Saint-Sauveur ; l'autel de Tous les Saints ne fut accordé qu'à la condition que cinq messes y seraient célébrées chaque jour.

Par malheur, l'architecte Thomas Poussin n'avait pas solidement construit son œuvre. Dès 1714, elle menaçait ruine, et l'on se voyait obligé d'abattre le clocher. Vingt ans plus tard, sur le rapport de Garangeau, la chapelle était interdite et sa reconstruction décidée (1736).

Garangeau dressa les plans du nouvel édifice. La

première pierre fut posée en 1738, la bénédiction eut lieu le 19 octobre 1743.

La chapelle actuelle possède une entrée sur la cour de l'Hôtel-Dieu. Mais son grand portail et deux petites portes de côté ouvrent sur la rue Saint-Sauveur. Elle mesure 101 pieds de long et 34 pieds de large. Le chœur est pavé de marbre. Il renferme un seul autel et vingt stalles. Comme autrefois, les chapelles latérales sont au nombre de six. Deux tribunes intérieures s'élèvent au-dessus du portail.

Fermée le 26 mai 1792, convertie en magasin à fourrage, puis en prison provisoire (1795), la chapelle Saint-Sauveur fut définitivement rendue au culte le 5 avril 1801. Elle est desservie par l'aumônier de l'Hôtel-Dieu.

Depuis 1803, deux cloches, une grosse et une petite, *Marie-Thérèse* et *Marguerite-Françoise*, ont remplacé les cloches fondues pendant la Révolution.

CHAPELLE SAINT-AARON

Selon une tradition constante, la petite chapelle que les Malouins vénèrent au sommet du rocher occupe exactement la place où vécut, pria et fut inhumé [1] le premier apôtre de leurs ancêtres païens, le saint ermite Aaron. Dans la seconde moitié du vie siècle, il y aurait élevé de ses mains un oratoire que les Francs de Charlemagne détruisirent lorsqu'ils ravagèrent le pays (811).

Ce qui est historique, c'est qu'à cet endroit, sur un terrain, alors prébende du chanoine Alain Dubois, le cardinal évêque, Guillaume de Montfort, fit bâtir, en 1431, une chapelle, dédiée à Saint-Aaron, que la foule assiégea bientôt de ses prières.

En 1618, cette chapelle « de tous côtés croulant », le chanoine Michel de Kernoual ou de Quesnoual, titulaire de la prébende, offrit d'en reconstruire les

1. Les restes de saint Aaron furent enterrés plus tard dans la cathédrale, au pied du pilier qui soutient la chaire. En septembre 1790, M. le chanoine Goret, doyen du Chapitre, redoutant quelque profanation, enleva secrètement ces reliques et les cacha sous les dalles de la chapelle Saint-Aaron. Quand on renouvela le pavage de cette chapelle (1864), on découvrit un grand nombre d'ossements. Étaient-ce des ossements saints, et ceux de saint Aaron s'y trouvaient-ils mêlés ? Dans le doute, M. le curé Huchet les fit déposer près de la muraille intérieure, à gauche en entrant.

murs à ses frais, d'après un plan plus vaste. Commencée en 1619, la nouvelle chapelle fut consacrée le 24 janvier 1621, et la dévotion à saint Aaron redoubla. Aux jours sombres des sièges, quand tonnait le canon des remparts, quand les bombes éclataient sur la ville, les habitants montaient processionnellement, clergé en tête, supplier le saint de les « délivrer de la fureur des Anglais ». Et, chaque année aussi, en des jours plus joyeux, la procession du *Petit Sacre* [1] s'arrêtait au reposoir dressé devant la chapelle, ouverte, fleurie et tout illuminée.

De 1631 à 1764, les Jésuites de Rennes possédèrent la chapelle Saint-Aaron.

Fréquemment appelés par les Ursulines de Sainte-Anne à Saint-Malo, les Pères n'y trouvaient pas toujours de logement convenable. D'accord avec M. de Kernoual, ils adressèrent supplique au Chapitre et en obtinrent, *sede vacante,* donation de la chapelle ainsi que de la petite maison voisine, moyennant y entretenir un chapelain, payer une rente de trente livres au titulaire de la prébende et « faire le reposoir du Petit Sacre » (18-21 août 1631). Mais ce contrat était intervenu sans lettres royales, sans le consentement du Corps de Ville et de l'évêque. La

---

1. Procession qui a lieu à Saint-Malo, le jour de l'octave de la Fête-Dieu. On l'appelle aussi procession de la *Petite Fête-Dieu.*

ville fit opposition, le nouvel évêque nommé, Mgr de Harlay, désavoua la donation faite par le Chapitre. Provisoirement, les Jésuites renoncèrent à leurs droits sur la maison et la chapelle, n'en gardant que l'usage lorsqu'ils viendraient à Saint-Malo exercer leur ministère. Provisoirement, en effet, car Mgr de La Ville-montée leur rendit l'usage entier de ces deux immeubles, à condition de ne pas s'accroître et de supporter les charges précitées (4 novembre 1661). À la suppression de la Compagnie en France, tout revint au Chapitre (1764).

Vendue nationalement avec la maison à la citoyenne Boudin (1791), acquise, en 1836, par M. Tillard de La Hurie, la chapelle fut enfin rachetée, réparée et rendue au culte par M. le curé Huchet (1842). Celui-ci vendit ensuite maison et chapelle aux *Dames de Saint-Aaron* qui avaient établi en face une *Préservation* pour les jeunes filles (1864). Ces Dámes restaurèrent complètement la chapelle (1888).

En 1897, elles durent la céder, ainsi que leurs deux maisons, à une Société civile instituée en vue de l'agrandissement du collège. L'alignement des nouveaux bâtiments entama fortement la chapelle (1900). Mais le vieux sanctuaire ne pouvait périr. Il a été reconstruit [1] (1901). S'il a perdu quelques mètres en

---

1. Lors de cette dernière reconstruction, nulle trace n'a été retrouvée des ossements ensevelis par M. le curé Huchet.

profondeur, sa façade et son portail surélevés continuent de marquer le berceau de la religion catholique
en notre ville ; et la procession du Petit Sacre s'arrête
encore devant la chapelle Saint-Aaron.

CHAPELLE SAINT-AARON

(Cliché Ponnesœur).

LE COLLÈGE

La Révolution avait supprimé l'ancienne *Préceptorerie*[1] épiscopale, chassé les maîtres et dispersé les élèves.

Aussitôt l'orage apaisé, le dernier *Précepteur*, l'abbé Pierre Engerrand, essaya de reconstituer une école ecclésiastique. En 1802, de concert avec les abbés Vielle et Jean de La Mennais, il réunit quelques jeunes gens, d'abord dans les greniers de sa demeure, puis dans l'appartement de M. Du Rivage, enfin dans une maison cédée par un généreux marin, le capitaine Bichat, sous la clause expresse qu'elle serait affectée à l'usage d'un Petit Séminaire (1807).

Et l'école qui s'y établit était bien cela. C'était même aussi un Grand Séminaire ; car on y enseignait, avec les lettres, un peu de philosophie et de théologie.

Dès 1808, l'institution comptait quatre-vingts élèves de toutes classes. La maison Bichat, bien que la libéralité du donateur l'eût augmentée d'un immeuble contigu, devenait trop étroite. Ce fut alors que M. Le Fer de Beauvais, pour une simple rente viagère de 2,500 francs, céda au diocèse son bel hôtel de la rue des Cimetières[2], où les cours s'ouvrirent

---

1. V. *Préceptorerie*, même Chapitre, p. 152.
2. L'hôtel, dit du Flachet, acheté de Joseph de La Haye,

immédiatement. Le nombre des élèves avait doublé, lorsque Napoléon publia le décret du 17 mars 1808, réservant aux seuls membres de l'Université la direction de tout établissement d'instruction secondaire.

Malgré de courageuses résistances, il fallut obéir. L'école ecclésiastique devint, en 1812, *Collège municipal*. Un pieux laïque, M. Querret, en resta Principal jusqu'en 1823. Il eut pour successeurs le célèbre abbé Manet et l'abbé Merré.

En 1849, le Conseil municipal confia la direction du Collège à Mgr l'évêque de Rennes, qui le remit aux missionnaires de l'Immaculée-Conception. La ville ne cessait pas toutefois de le subventionner. Elle lui fit même construire une chapelle à ses frais (1858). Cette combinaison réussit au mieux pendant plus de trente ans.

Mais l'année 1882 amena des changements notables. D'abord les missionnaires, ne pouvant suffire à la tâche, demandèrent à en être déchargés; puis M. Martin, maire de Saint-Malo, fit retirer l'allocation de 2,000 francs fournie jusque-là par le Conseil municipal. Les prêtres séculiers remplacèrent les missionnaires, et l'institution ecclésiastique de Saint-Malo, qui avait gardé le titre de *Collège*, tant qu'elle

seigneur de Plouer, par Beauvais Le Fer, le 19 mars 1714. — La rue des Cimetières devint alors rue du Collège, puis ensuite rue André Desilles. — V. ce nom, Chapitre IV, § 11.

avait été subventionnée, reprit, officiellement, son nom primitif d'Institution libre.

Les élèves ne vinrent pas moins nombreux. Au contraire, leur nombre s'accrut à cè point qu'il parut nécessaire d'agrandir l'établissement.

On songea longtemps à bâtir *extra-muros;* et, dans ce but, on acheta sur les Mielles, à *La Redoute,* un vaste terrain (1895). Le plan fut ensuite abandonné. De 1898 à 1902, les nouveaux bâtiments s'élevèrent entre les rues André Desilles, Saint-Benoît et de la Victoire. Ils se relient aux anciens, dont il n'a été conservé que l'hôtel Le Fer et la chapelle.

Le Collège de Saint-Malo, — car on dit toujours le Collège, — célèbre, cette année, son premier centenaire (1802-1902).

ÉCOLE DES FRÈRES

On constatait, au xviiiᵉ siècle, que la *Préceptorerie* ne suffisait plus et ne pouvait suffire à l'instruction de la classe indigente.

C'est pourquoi, en 1744, Demoiselle Le Goff et Jean-Baptiste Goret de la Tandourie convinrent de fonder une école charitable qu'ils doteraient d'une maison convenable et d'une rente de 300 livres. L'école s'ouvrit, rue du Jard[1], sous la direction des Frères de Saint-Yon ou des Écoles chrétiennes (2 janvier 1746). Elle fit bientôt merveilles.

Mais, le 5 janvier 1793, les Frères instituteurs, « à cause de leur conduite incivique, » furent chassés de la maison, déjà nationalisée. Les écoliers apprirent à lire comme ils purent.

Touchée de cet état de choses, que ni le Consulat, ni l'Empire n'avaient amélioré, Mademoiselle Auffray de La Gâtinais, par testament du 6 juillet 1810, affecta une rente de 696 francs à l'entretien d'une école pour les garçons pauvres. Le 1ᵉʳ juillet 1814, le Conseil municipal décida de confier cette école aux Frères des Écoles chrétiennes, dont la population gardait un excellent souvenir.

---

1. Actuellement, rue des Lauriers, nᵒ 2.

Longtemps on chercha un local. Mademoiselle de La Grassinais, héritière des La Tandourie, avait revendiqué comme bien de famille, l'immeuble de la rue du Jard ; aucun acte de donation n'existant en faveur des Frères, elle avait été envoyée en possession et ne voulait pas renoncer au bénéfice du jugement rendu. Enfin, le 31 juillet 1819, Mgr l'Évêque de Rennes offrit l'ancien Petit Séminaire, situé à l'angle de la rue des Lauriers et de la rue du Grand-Placitre [1]. Dans cette maison, successivement agrandie, les Frères dirigèrent, soixante-cinq ans, l'École communale (21 mars 1822-22 septembre 1887).

En l'année scolaire 1886-1887, l'École comptait seize Frères et près de trois cents élèves, répartis en dix classes. Or, cette année-là, M. Brancion, préfet d'Ille-et-Vilaine, décida de faire appliquer les lois de laïcisation. Trois vacances s'étant produites dans le personnel professoral, l'Inspecteur d'Académie voulut remplacer par des laïcs les congréganistes disparus. Les Frères protestèrent ; l'opinion publique les soutenait. Mais le maire de Saint-Malo, M. Martin, ne les défendit pas. Les Frères donnèrent leur démission et quittèrent la rue du Point du Jour [2] (22 septembre).

---

1. Actuellement, dans la partie Sud de la rue du Point du Jour, encore appelée communément rue du Grand-Placitre.

2. L'École communale laïque s'y installa ; mais la ville paie loyer aux Frères pour la partie de l'immeuble qu'ils tenaient du Diocèse.

Une autre maison les attendait.

Prévoyant la crise, deux généreuses bienfaitrices, Mesdemoiselles Garnier-Keruault, avaient acheté et aménagé pour recevoir maîtres et élèves un bel hôtel de la rue Feydeau [1], où la rentrée se fit nombreuse et sans retard. Ce n'était qu'un asile provisoire. Derrière le bastion Saint-Philippe, on bâtissait le vaste établissement que les mêmes bienfaitrices destinaient à l'École libre [2]. Les Frères l'occupent depuis 1892.

Ils y ont ouvert des classes gratuites, des classes payantes et une Préparation à l'École d'Hydrographie.

1. Occupé aujourd'hui par les bureaux de la Douane.
2. Construit sur l'emplacement de l'ancien Cercle, entre la rue de Toulouse et les rues Saint-Philippe et Vauborel.

ÉCOLE DES SŒURS

Les Sœurs de la Charité de Saint-Vincent de Paul furent appelées à Saint-Malo, le 15 mai 1681, par Guillemette Belin, Dame marquise de La Marzellière, qui leur assigna une rente annuelle de 100 livres et leur donna la maison qu'elles habitent encore aujourd'hui, rue Saint-Sauveur, en face de l'Hôtel-Dieu. Les Sœurs n'étaient que deux au début. Elles eurent pour mission d'administrer la *Marmite des Pauvres*[1].

Chassées de leur demeure[2] en 1792, emprisonnées en 1794, relâchées en 1795, après Thermidor, les saintes Filles revinrent, à la joie de tous, s'établir dans l'ancien local (1797). Leurs œuvres, dès lors, se développèrent rapidement.

En 1812, les Filles de la Passion[3] ayant cessé d'exister, la municipalité confie l'École communale aux Sœurs de Saint-Vincent de Paul ; et celles-ci y joignent un ouvroir. En 1820, elles ouvrent une pharmacie. En 1844, elles dirigent la *Salle d'asile*, fondée place Duguay-Trouin. En 1845, elles créent la *Persévérance des jeunes personnes;* en 1846, un orphelinat

---

1. Nous dirions aujourd'hui *Fourneau* ou *Soupe populaire*. Le siège de cette œuvre charitable a souvent changé.
2. Elle fut alors affectée aux filles-mères.
3. Voir ce nom, même chapitre, p. 170.

de jeunes filles ; en 1857, un orphelinat de garçons.
Comment loger tout ce monde dans la petite maison
de la rue Saint-Sauveur ?

M. le curé Huchet fit appel à la générosité malouine : il ne le fit pas en vain. Une construction
large et commode forma l'angle gauche des rues Saint-
Sauveur et des Hautes-Salles. Elle reçut, au rez-de-
chaussée, l'orphelinat des garçons et, aux étages
supérieurs, l'École des filles (1862). La demeure primitive, le berceau, continuait d'abriter la Communauté, l'ouvroir, l'orphelinat des filles et la *Persévérance.*

Jusqu'à ce jour, la municipalité de Saint-Malo
conserve aux Sœurs de Saint-Vincent de Paul la
direction de l'École communale.

CHAPITRE IV

LA VILLE MUNICIPALE

I. — MONUMENTS ET ÉTABLISSEMENTS PUBLICS

—

ARMOIRIES ET PAVILLONS

LES armes ou armoiries de Saint-Malo ont varié. Primitivement, elles étaient d'argent à un dogue de gueules; pour devise : *Cave canem,* Gare au chien.

En 1615, elles furent changées. Peut-être les trouvait-on trop *parlantes*. Suivant l'arrêté royal du 28 janvier, le blason de la ville porta de gueules à une herse d'or mouvant de la pointe de l'écu, surmontée d'une hermine passante. d'argent, bouclée d'or et lampassée de sable. L'écu, sommé d'une couronne murale à cinq créneaux d'or. La devise, *Semper fidelis,* Toujours fidèle.

Outre ses armoiries, la cité malouine avait ses pavillons.

Sur les édifices et sur les remparts, aux jours de fête comme aux jours de bataille, Saint-Malo arborait le pavillon rouge et bleu à croix blanche [1], le pavillon de la Ville. On le connaissait en Bretagne, et ailleurs.

Mais plus connu encore, plus redouté surtout, battait aux mâts le pavillon bleu à croix blanche [2], le pavillon Corsaire [3]. Malheur à l'ennemi qui l'apercevait, celui-là !

De ces glorieux symboles, les Malouins chérissent le souvenir. Le dimanche, la Compagnie des bacs hisse les vieux pavillons ; et la municipalité conserve fièrement, sculptées au-dessus des portes de la ville et gravées sur les sceaux, la blanche hermine et la herse d'or.

1. Exactement, rouge et bleu partagé d'une croix blanche, disposé rouge et bleu près de la hampe, et bleu et rouge flottant ; l'angle supérieur gauche chargé des armes de la ville.

2. Exactement, bleu, traversé d'une croix blanche, au franc quartier écarlate, portant l'hermine d'argent passante.

3. Par privilège, depuis 1696, les corsaires malouins arboraient, en outre, le pavillon blanc, jusqu'alors exclusivement réservé aux vaisseaux du roi.

L'HOTEL DE VILLE

Depuis la commune, jurée en 1308, il y eut à Saint-Malo une municipalité ; mais pendant plus de deux siècles, il n'y eut pas de Maison de Ville ou Maison commune. Les représentants de la Communauté, nommés par l'évêque, tenaient leurs délibérations, tantôt dans la salle capitulaire, tantôt dans la salle de l'évêché.

Lorsque l'édit de 1513 eut enlevé aux évêques la nomination des magistrats municipaux, le Corps de Ville chercha une maison où il put délibérer chez lui[1].

Cette première Maison commune exista d'abord au pied de la butte des *Moulins-Collin*[2], sur l'emplacement actuel de l'Hôtel-Dieu, à côté du *Sanitat*. Puis vint l'horrible peste de 1583 : le Sanitat, trop étroit, logea ses malades à la Maison commune, et le Corps de Ville s'assembla provisoirement dans la grande salle de l'Abbaye Saint-Jean, louée, en 1591, à cet effet. Le provisoire allait durer longtemps.

En 1607, lors de la construction du nouvel Hôtel-Dieu, la Maison commune, contaminée et presque abandonnée, fut démolie. Les chiennetiers en sorti-

1. En attendant, il siégeait au cabaret de la Grand'Porte.
2. Aujourd'hui, bastion de La Hollande.

rent les derniers. Le Corps de Ville continua de s'assembler à la Salle de l'Abbaye Saint-Jean.

Avec les années, cette Salle étant devenue « ruinageuse et peu décente pour tenir assemblées », requête fut adressée au roi, le 23 juin 1670, à l'effet de bâtir un Hôtel de Ville au lieu dit le *Grand Cimetière* ou *Cimetière du Dieu de Pitié*[1]. Un arrêt du Conseil d'État donna l'autorisation nécessaire (5 janvier 1672); la municipalité prit possession du cimetière et de la chapelle y attenant (1672-1676); on nivela le terrain, on dressa même un plan marquant la place du futur Hôtel; mais, nous ne savons pourquoi, les choses en restèrent là, et, comme précédemment, le Corps de Ville se réunit aux anciens « locaux à louage », sans doute réparés, qui, dans les délibérations prirent le titre d'Hôtel de l'Abbaye Saint-Jean (1701-1724), puis d'*Hôtel de Ville*.

En 1791, quand la Révolution supprima l'évêché de Saint-Malo, la municipalité acquit le palais épiscopal et y établit la *Mairie*.

En 1835, la construction du *Tribunal* amena un remaniement complet des vieux édifices et leur donna l'apparence que conserve encore aujourd'hui l'ancienne Mairie. De 1806 à 1870, de nouveaux agrandissements firent disparaître, sur la *Petite Commune*,

---

1. V. *Les Cimetières*, Chapitre III, § 1, p. 175.

L'HÔTEL DE VILLE

le bureau de police, la poste aux lettres et le magasin
des pompes, que remplaça le bâtiment, au portail de
granit, qui occupe à présent tout le côté Nord de la
place de l'Hôtel-de-Ville.

L'ancien Hôtel renferme la Salle des grands hommes
et la Bibliothèque; le nouveau, la Salle du Conseil, le
secrétariat, les bureaux de l'État civil, la Salle des
fêtes, les Archives et le Musée.

L'HOTEL-DIEU

En 1252, Geoffroy, seigneur évêque de Saint-Malo, fonda, au lieu dit *La Licorne,* près de la chapelle Saint-Thomas, un Hôtel ou Maison-Dieu, réservé aux pauvres malades ou blessés[1]. Ce premier *Hôtel-Dieu* dura plus dè trois siècles et demi, trois cent soixante ans (1252-1612).

Vint le temps où l'Hôtel-Dieu de La Licorne ne répondit plus aux besoins de la population croissante. On projeta donc d'en construire un plus vaste, au pied de la butte des *Moulins Collin,* sur l'emplacement actuel. Le terrain n'était pas vacant. Il s'y trouvait déjà une sorte d'hôpital, — le *Sanilat,* — la Maison commune, quelques habitations particulières et des jardins. Mais, après la grande pesté, le Sanitat avait été établi aux Talards ; la Maison commune, abandonnée pour l'Abbaye Saint-Jean (1583-1591). On fit place nette ; et avec les matériaux provenant de la démolition du château Gaillard, fut élevé le second Hôtel-Dieu (1607-1612).

Des bâtiments de cette époque, subsiste peu de chose. Brûlés partiellement en 1700, ils durent être

1. Il couvrait en partie le Café Continental, l'Hôtel et la place Chateaubriand.

une première fois restaurés. L'incendie de 1745 né-
cessita une reconstruction plus complète qui coûta
200,000 livres à la générosité malouine.

L'Hôtel-Dieu renferma longtemps en son enceinte
une maison indépendante, le couvent des Filles de la
Passion [1] (1623-1792). Après sa « nationalisation », la
Ville attribua ce couvent, comme maison de communauté, aux Dames de Saint-Thomas de Villeneuve,
qui, depuis 1683, desservaient l'Hôtel-Dieu en qualité
d'hospitalières, sans rétribution. Chassées momentanément [2] en 1794, rappelées en 1796, ces Dames n'ont
plus quitté l'Hôtel. Cinq religieuses de chœur et sept
sœurs converses le dirigent encore aujourd'hui.

Actuellement l'Hôtel-Dieu de Saint-Malo est
hôpital civil et hôpital militaire. Au rez-de-chaussée,
les blessés, 88 lits en cinq salles ; au premier étage,
les fiévreux, 84 lits en quatre salles ; au second,
les femmes, 82 lits en quatre salles.

L'établissement appartient à la Ville qui l'administre
par un receveur des hospices et par un économe [3].

1. Voir ce nom, Chapitre III, p. 170.
2. Le 8 mai 1794, la municipalité révolutionnaire remplaça
les Dames de Saint-Thomas par des *Citoyennes Économes,* qui
reçurent une garde d'honneur de douze citoyens vertueux.
Hélas, les citoyennes n'étaient pas économes, et, au mois de
février 1796, le représentant Boursault se hâta de réintégrer
les religieuses dans l'Hôtel-Dieu dévasté.
3. Le premier Hôtel-Dieu fut administré au spirituel et au

Ses ressources consistent en 30,000 francs de rente, dont partie est affectée à l'Hôpital général ; en une subvention de la Ville et en journées de malades payées par la guerre et par la marine pour les soldats et marins hospitalisés.

temporel par l'évêque et le Chapitre seuls, jusqu'en 1565 ; à partir de cette époque, un Bureau, composé d'un chanoine et de deux notables bourgeois, administra le temporel.

Le second Hôtel-Dieu fut administré, depuis 1676, par une Commission composée de l'évêque, président, du prieur de Saint-Sauveur, de deux chanoines, du maire, du sénéchal, du procureur fiscal, de deux économes et de deux notables, administrateurs.

L'HOPITAL GÉNÉRAL

Cet hôpital, ou plus exactement cet hospice[1], a été fondé, en 1679, par la ville de Saint-Malo.

En 1646, existait déjà près de l'Hôtel-Dieu, une *Maison de Charité* destinée à recueillir les infirmes et les vieillards. Toutefois, les Malouins, la trouvant insuffisante, acquirent à leurs frais, au faubourg Saint-Servan, une belle propriété, alors baignée par la mer, le manoir du Val, et y transférèrent leur hospice, qui fut appelé désormais *Hôpital général Saint-Yves*.

Recevoir, nourrir et soigner, sous une même clôture, mais en des locaux séparés, les vieux marins et leur famille, les invalides, les enfants trouvés, les orphelins pauvres ; renfermer les fous et les filles repenties, tel était le rôle de cet hôpital, véritablement *général*.

Aussi, dès l'année qui suivit sa fondation, fallut-il songer à l'agrandir.

Louis XIV ayant accordé les lettres-patentes nécessaires (1680), l'ingénieur Garangeau traça les plans d'un vaste ensemble de bâtiments englobant le manoir. Les constructions commencèrent en 1685. L'église

---

1. On n'y reçoit pas de malades. Mais un service médical assiste les pensionnaires que la maladie vient y frapper.

date de 1713. En 1717, le *Sanitat* du Talard pouvait être transféré au Val. Les travaux ne furent terminés qu'en 1725.

L'édifice de Garangeau présente la forme d'un T, avec pavillon central; l'église est au pied du T; la façade principale mesure 109 mètres de long. De grands jardins l'entourent. La dépense totale dépassa 100,000 écus, — environ un million et demi, valeur actuelle, — somme entièrement fournie par les Malouins.

Quand Saint-Servan se sépara de Saint-Malo, la nouvelle commune essaya plusieurs fois de s'approprier ce magnifique établissement. Elle fut définitivement déboutée de ses prétentions en 1804. L'Hôpital général de Saint-Malo, en Saint-Servan, reste la propriété de Saint-Malo. C'est encore aujourd'hui un asile de vieillards des deux sexes et d'orphelins.

Pour l'administration, l'Hôpital est maintenant[1] réuni à l'Hôtel-Dieu de Saint-Malo. Il est, comme lui, dirigé par les Dames de Saint-Thomas de Villeneuve qui y emploient treize Dames de chœur et huit sœurs converses.

---

1. Primitivement, un Bureau de Directeurs, composé de l'évêque, d'un délégué du Chapitre, du sénéchal, du procureur fiscal et de notables, administrait l'Hôpital général, assisté de huit *Demoiselles Économes* appartenant aux meilleures familles de Saint-Malo.

LES BAINS

En 1835, le docteur Chapel, dans un rapport à l'administration municipale, démontra les avantages qu'offrirait à la ville un établissement de bains de mer utilisant notre magnifique plage. Aussitôt, sur l'initiative de M. Midy, une société d'habitants zélés s'occupa de réaliser le projet indiqué. Il aboutit trois ans plus tard [1] (1838).

L'Établissement des Bains fut alors installé au terre-plein Saint-Thomas, sous le Château, tel à peu près qu'il existe aujourd'hui. Des cabines, en forme de pavillon, montées sur chariot attelé, descendent à la grève par la cale de l'*Éventail* et, suivant l'état de la marée, s'avancent dans la vague ou reculent devant elle.

Cet établissement n'a, du reste, autre monopole que celui de louer sur la Grande Grève des cabines roulantes.

Aussi se baigne-t-on ailleurs. Aussi, entre la porte Saint-Pierre et la poterne des Beys, un second établissement dresse-t-il, sur le sable de Bon-Secours, ses tentes plus modestes. Bien des familles de Saint-

1. Avant cette époque, un ancien corsaire, Aimable Sauveur, louait déjà aux baigneurs quelques cabines de toile, près de l'Éventail.

Malo qu'effrayent le luxe et la foule des « étrangers »
le recherchent de préférence.

N'oublions pas enfin la plage populaire, la grève
de Malo, réservée aux hommes et aux jeunes garçons,
qui peuvent s'y baigner en caleçon court. Quel vrai
Malouin n'a pas fait, à la nage, le tour du rocher
fameux ? Après s'être *signé*, toutefois, selon le vieil
usage.

LE CASINO MUNICIPAL

Lorsque Saint-Malo devint une ville de bains de mer, il fallut songer à bâtir un Casino. Quelle plage n'a pas le sien ? L'active Société des Bains multiplia les démarches, obtint de la municipalité une subvention annuelle de 1,000 francs, et, chose plus difficile, obtint du génie la cession du terrain nécessaire : l'emplacement du vieux fort de Thiange, à la tête du Sillon, près de la cale du Château (1838).

Notre premier Casino fut un petit, mais élégant Pavillon, aux murs blancs, aux persiennes et aux volets verts[1]. Pendant la *saison*, quelquefois après, les Sociétaires y donnaient des concerts et des bals pour lesquels il était trop souvent bien étroit. On y étouffa trente ans.

En 1868, l'achèvement du quai Napoléon permit à la Société des Bains de construire sur le terre-plein de ce nouveau quai un Casino plus vaste, sans être luxueux, et réservé, comme le premier, à des membres élus. La guerre de 1870 le transforma bientôt en ambulance ; puis l'éclat des instruments et des rires fit oublier les cris de la douleur. Mais, au cours du

---

1. Il existe encore à la même place, occupé par un établissement de bains chauds.

temps, les mœurs changèrent. Les étrangers murmuraient de ne trouver à Saint-Malo qu'un Casino si exclusif et si mesquin. La municipalité désirait un Casino monumental et ouvert. Elle acheta de l'État, au prix de 120,000 francs, l'emplacement du Casino démodé et le fournit à une Société anonyme, sous condition d'y élever un bâtiment valant au moins 500,000 francs[1], lequel, après cinquante ans, reviendrait à la ville. Le second Casino fut abattu en 1898; lui aussi avait duré trente ans.

Le Casino municipal actuel a été inauguré au mois d'août 1899. Il est public. Très bien aménagé à l'intérieur, il possède un joli théâtre, une salle de concerts d'une acoustique excellente, un cercle luxueux. Malheureusement, son aspect extérieur semble massif, et les balcons, les bois découpés, genre châlet, n'en atténuent pas la lourdeur.

Souhaitons que ce troisième Casino dépasse les trente années, fatidique existence des deux premiers.

---

1. Le Casino municipal a coûté plus d'un million.

Le Casino municipal

HALLES ET MARCHÉS

Il y avait jadis, à Saint-Malo, des marchés en plein vent très nombreux et très dispersés. On vendait le blé, rue de la Blâtrerie, maintenant rue des Halles, tout en haut, sous le mur des cimetières ; on vendait la volaille au bas de cette même rue [1] ; le beurre, devant la Grand'Porte, sur la petite place Jacques Cartier, dite autrefois, la Beurrerie ; les légumes, place du Pilori ; la viande, à l'endroit où se vendent aujourd'hui les légumes ; le poisson, près de La Croix du Fief.

Avec le temps et le progrès, ces divers marchés se concentrèrent en quatre, puis en trois bâtiments, spécialement destinés à les abriter.

De ces bâtiments, le plus ancien, la *Grande Boucherie*, a disparu ; trois, la *Halle au Blé*, la *Poissonnerie*, le *Marché aux Légumes* ont été récemment reconstruits. Pas un seul n'a conservé son aspect originaire.

La *Grande Boucherie* date de 1649. A cette époque, la Communauté fit bâtir, entre la rue Saint-Benoît et

---

1. Jusqu'en 1856, et peut-être après, une marchande vendait encore volaille morte ou vivante, à gauche de la voûte des Halles, qui, pour cette raison, était communément appelée *Voûte aux Poulets*.

la rue de la Victoire, un marché en pierre, aéré par des fenêtres et des portes grillées. Tout boucher écorcheur ou tripier, fut invité à y transporter son étal. Le ci-devant marché à la viande devint marché au blé et aux légumes : la rue qui le bornait à l'Est prit le nom de rue de la Vieille-Boucherie.

Pendant la Révolution, la famine étant générale à Saint-Malo et la viande fort rare, la Grande Boucherie servit de dépôt provisoire. En 1792, on y entassa les dépouilles artistiques des couvents et des chapelles ; en 1796, on y remisa les bois de la guillotine : dans notre enfance, ils nous effrayaient encore. L'ouverture d'un marché plus spacieux, au centre des quartiers neufs, hâta la décadence de la boucherie Saint-Benoît. Les bouchers forains daignaient seuls y venir. Dès 1848, elle est appelée la *Petite Boucherie ;* vers 1860, elle est abandonnée. De 1866 à 1879, le magasin des pompes y fut transféré ; en 1880, les Réservoirs l'ont utilement remplacée.

La *Halle au Blé,* commencée en 1820, sur des terrains provenant de l'Abbaye Saint-Jean [1], fut inaugurée en 1822. C'était un édifice en forme d'ovale allongé : de lourdes arcades en maçonnerie, que fermaient des grilles de fer, soutenaient un grenier couvert d'ardoises. Au rez-de-chaussée, pavé de grès,

______

1. V. *Abbaye Saint-Jean,* p. 155.

se tenait le marché. Quand la cloche en marquait la fin, les sacs de blé non vendus étaient serrés dans le grenier jusqu'au prochain jour de vente. Ce bienheureux grenier se changeait aussi parfois en salle de spectacle, où les « faiseurs de tours, » escamoteurs et hercules ébahissaient les marmots avec la permission de M. le Maire. « Félicité passée, qui ne peut revenir ! »

Beurriers de la Grand'Porte, coquetiers de la rue des Halles, gros bouchers désertant la Petite Boucherie, s'installèrent peu à peu à la Halle au Blé, qu'il fallut désormais appeler *Halle au Blé et aux Viandes.* Puis les affaires de grains se traitèrent presque uniquement sur les quais, dans les entrepôts. C'est pourquoi, il y quelque vingt ans, le grenier disparut, et la Halle, exhaussée, agrandie et modernisée, n'est plus nommée que *Halle aux Viandes* [1].

La *Halle aux Poissons,* située place et rue de la Poissonnerie, est moderne ; mais on vendit du poisson à cet endroit dès l'origine de la ville, ainsi que l'atteste une des tours de la première enceinte, la tour de la *Poissonnerie,* qui s'élevait tout près de là. Le fait se trouve confirmé par la proximité du port de Mer bonne, où les pêcheurs échouaient leurs barques, et de la poterne du Fief où ils débarquaient leur poisson.

---

1. L'entrée principale se trouve rue des Cordiers.

Construit en 1832, le Pavillon de la Poissonnerie a été, lui aussi, très modernisé.

Le *Marché aux Légumes*, simple toiture supportée par une charpente et des piliers de bois, fut élevé, en 1821, sur l'emplacement élargi et régularisé de la Vieille Boucherie, puis du premier Marché au Blé et aux Légumes.

Il était réservé à la vente des beurres fins, dits *petits beurres*, des légumes frais et des fruits, ce qui convenait à son aspect rustique.

On y vend aujourd'hui les mêmes produits, mais sous une construction plus svelte, en forme de trapèze allongé, où, bien entendu, le fer remplace le bois (1901).

II. — PLACES, RUES ET MAISONS HISTORIQUES[1].

—

André DESILLES (Rue)

Antoine-Joseph-Marc-André Desilles, ou Des Isles, naquit à Saint-Malo le 11 mars 1767.

Il était lieutenant au régiment de Roi-Infanterie, qui formait avec le régiment Mestre de Camp et le régiment suisse de Châteauvieux la garnison de Nancy, lorsque ces régiments se révoltèrent, accusant les officiers de détourner la solde à leur profit (août 1790). Par ordre de l'Assemblée constituante, le marquis de Bouillé marcha contre eux. Les soldats de Roi-Infanterie gardaient la principale entrée de Nancy : une lutte impie allait s'engager. André Desilles, dans l'espoir d'empêcher l'effusion du sang, n'avait pas

1. Il existe à Saint-Malo quatre vingt-douze rues et places. Nous n'étudierons ici que les plus importantes, celles dont les maisons qui les bordent ou les noms qu'elles portent se rattachent à l'histoire locale.

En 1830, les principales rues et places reçurent le nom d'un Malouin célèbre. On trouvera sur chacun d'eux une courte biographie.

Dans ce paragraphe, l'ordre alphabétique a été suivi pour faciliter les recherches.

voulu quitter sa compagnie. Il se jette à la bouche d'un canon chargé à mitraille : on l'en arrache ; il se précipite sur un autre, l'enjambe et s'assied sur la lumière : quatre coups de feu le renversent ; puis commence une mêlée furieuse entre les rebelles et les troupes de Bouillé (31 août). Tiré non sans peine de sous les pieds des combattants, André Desilles mourut, six semaines après, à Nancy, des suites de ses blessures (17 octobre 1790).

L'Assemblée nationale vota une cérémonie en l'honneur du « héros de Nancy » (29 janvier 1791). Le théâtre et l'oraison funèbre célébrèrent sa mémoire. A Saint-Malo, un tableau représentant son dévouement généreux, orna le Musée des grands hommes (1839) ; une plaque de marbre, placée sur son hôtel de la rue de l'Épine, marqua en lettres d'or le lieu de sa naissance, et une rue de la ville reçut son nom.

Cette rue était appelée, depuis 1807, *rue du Collège* et, plus anciennement, *rue des Cimetières*, à cause des trois cimetières[1] qui se trouvaient alors entre les rues actuelles André Desilles et Danycan[2].

---

1. V. *Cimetières*, Chapitre III, p. 173.
N'était-ce pas à la rue de l'Épine plutôt qu'à la rue du Collège qu'il convenait de porter le nom du héros ?

2. La rue Danycan tire son nom d'une famille qui a donné à Saint-Malo de nombreux corsaires et un conseiller du roi. Elle était appelée jadis *rue de la Vieille-Prison*, à cause de la Prison du Chapitre, située dans sa partie haute.

ASFELD (RUE D')

Ouverte, lors du deuxième accroissement, sur l'emplacement de l'ancien rempart et du premier Éperon [1], la rue d'Asfeld commence à la rue de La Mettrie, coupe la rue de Toulouse et finit, rue d'Orléans, au bastion Saint-Louis.

Elle prit, vers 1720, le nom de Claude-François Bidal, marquis d'Asfeld, lieutenant général des armées du roi, directeur général des fortifications de France, qui témoignait un intérêt particulier aux agrandissements et à la défense de Saint-Malo.

Au n° 2 de cette rue, un hôtel porte aussi le nom d'hôtel d'Asfeld.

Il rappelle à bien des familles malouines de tristes souvenirs. En 1793, ni la prison du Chapitre [2], ni les tours du Château ne suffisant plus à renfermer les suspects, l'hôtel d'Asfeld fut transformé en lieu de détention. Sa situation relativement isolée au croisement des rues d'Asfeld et de Toulouse, ses murs épais, son aspect sombre, semblent expliquer le choix des autorités révolutionnaires.

1. V. *La première enceinte,* Chapitre II, p. 47.
2. V. Chapitre III, § 1, p. 163, note 1.

BOURSAINT (Rue)

Pierre Boursaint, un des plus grands administrateurs de la marine française, s'éleva par son seul mérite. Né à Saint-Malo, le 17 janvier 1781, il débuta comme novice, puis comme aide-timonnier sur un navire marchand. Entré simple écrivain dans les bureaux du commissariat, nous le retrouvons, vers la fin de sa vie, commissaire général de la marine, directeur de la Caisse des Invalides de l'armée de mer (1819), conseiller d'État (1823), membre de l'Amirauté (1831), commandeur de la Légion d'honneur.

On ne sait pour quelle cause il se donna la mort, à Saint-Germain (1833).

Par ses dispositions testamentaires, il léguait 100,000 francs à la Caisse des marins invalides de Saint-Malo.

En 1839, l'ancienne *rue Saint-Buc* fut appelée *rue Boursaint*.

Cette rue, très étroite et très sinueuse, part de la Grand'Rue et va rejoindre la rue des Petits-Degrés. Elle n'a d'intéressant que son nom.

Maison du XIIIe siècle (rue du Boyer)

BOYER (Rue du)

L'une des plus anciennes de la ville, la rue du Boyer va de l'Est à l'Ouest, de la place Broussais à la tour Notre-Dame. C'était, et c'est encore, la « rue des revendeuses ».

Nous l'appellions naguère *rue du Bey*, ce qui avait un sens, puisque la rue conduit directement à l'îlot. Le nom de Boyer qu'elle porte à présent se trouve, paraît-il, dans des documents du XVIIIe siècle : on ignore malheureusement sa signification véritable.

Aux nos 28 et 29 de la rue du Boyer, deux curieuses maisons en bois et en verre nous racontent, témoins véridiques et vénérables, ce qu'était au moyen âge Saint-Malo naissant. Ces vieux pignons sur rue datent du XIIIe siècle, peut-être même remontent-ils au XIIe et sont-ils contemporains de Jean de Châtillon. La maison du no 28, en face de la rue Gouin de Beauchesne, est la plus belle et la mieux conservée ; dans celle du no 29, est né Yan Nibor, le poète des matelots.

Depuis 1809, la rue du Boyer communique, à la hauteur du no 10, avec la place Duguay-Trouin.

BROUSSAIS (Place et rue)

Jadis sur cette place, alors appelée *place du Martroy* ou *du Pilori*, le bourreau exposait, carcan au cou, et dûment « piloriait » les blasphémateurs, banqueroutiers, vendeurs à faux poids et autres gens notés d'infamie.

La rue qui, longeant la place, à l'Ouest, se continue jusqu'à la rue de Dinan, était appelée, elle, *rue d'Entre les deux Marchés*[1].

En 1839, la place et la rue changèrent leurs vieux noms en celui du grand médecin malouin, Victor Broussais.

Broussais naquit à Saint-Malo, le 17 décembre 1772. Fils d'un petit médecin de Pleurtuit, il suivit la carrière paternelle, d'abord comme chirurgien de marine (1795), ensuite comme médecin militaire (1804-1808). Après de nombreuses campagnes en Italie, en Allemagne, en Espagne, Broussais fut nommé professeur au Val de Grâce, où il remplaça plus tard Desgenettes (1814-1820), obtint la chaire de pathologie à la Faculté de Médecine (1830), puis l'entrée de l'Académie des Sciences morales (1832). Ses leçons

---

1. Marché aux Légumes, place du Pilori ; Marché à la Viande, sur le Marché aux Légumes actuel.

et ses ouvrages sur les phénomènes pathologiques, bien que ou parce que très vivement attaqués par les spiritualistes, lui valurent un succès de vogue considérable. Broussais se vit un moment chef d'École et auteur d'une révolution médicale. Vogue éphémère ! Lorsqu'il mourut, à Vitry-sur-Seine, le 17 novembre 1838, son influence et ses doctrines étaient déjà mortes.

Dans la rue Broussais, au n° 14, une maison légendaire attire les regards.

Elle consiste en une façade droite, percée de larges fenêtres, séparées seulement par des pilastres cannelés dont les chapiteaux sont, à chaque étage, d'un ordre différent : ionique au premier, composite au second, corinthien au troisième. On dit qu'elle fut autrefois couronnée d'un pavillon ou belvédère couvert en lames d'argent.

Cette fastueuse demeure a été bâtie, vers 1680, pour la fille d'un riche armateur de Saint-Malo, Demoiselle Guillemette Belin, par mariage [1] Dame marquise de La Marzellière, pieuse et sage personne, que tant de luxe chagrinait, qui consacra aux bonnes œuvres une grosse part de sa fortune et établit, à ses

---

1. Mariage que la fiction a entouré de circonstances romanesques et dramatiques dont l'histoire ne saurait se porter garant.

frais, en sa ville natale, les Sœurs de la Charité de Saint-Vincent de Paul [1].

L'aspect de la place Broussais a été singulièrement modifié, depuis une quarantaine d'années, par la construction de la maison Julienne, à l'angle oriental de la rue de la Paroisse [2].

1. V. *École des Sœurs*, p. 203.
2. Au Musée de la ville, un tableau du peintre Arondel reproduit fidèlement l'état ancien de la place Broussais.

CHATEAUBRIAND (Maison de)

En franchissant le seuil de l'Hôtel de France et de Chateaubriand, on aperçoit, sur la gauche, un portique orné d'un grand écusson, de gueules aux fleurs de lys d'or sans nombre, avec la devise : *Mon sang teint les bannières de France*.

C'est l'entrée, sans doute rajeunie, d'une maison à la façade massive et sombre, moitié gentilhommière, moitié comptoir, où, vers le milieu du XVIIIe siècle, le vicomte de Chateaubriand demandait au commerce maritime et à la Course le relèvement d'une fortune écroulée ; ce qui d'ailleurs ne « dérogeait pas à noblesse » surtout en Bretagne et surtout à Saint-Malo. D'heureuses prises sur les Anglais, durant la guerre de Sept-Ans, rétablirent ses affaires. Il venait d'acquérir des Durfort-Duras le manoir de Combourg, quand dans cette triste maison de la rue des Juifs, le 4 septembre 1768, Madame de Chateaubriand donna le jour à René[1].

Transformée plus tard, sous le nom d'*Hôtel de France*, en hôtel de voyageurs, la maison de Chateaubriand subit naturellement quelques modifications ;

---

1. V. à l'article *Les Beys* dans quelles circonstances naquit Chateaubriand et pourquoi il voulut, sur l'un de ces rochers, dormir son dernier sommeil.

l'Hôtel fut même, récemment, très agrandi à l'Est. Mais les propriétaires affirment que, dans ses parties essentielles, l'ancienne demeure est restée intacte. La chambre, dite de Chateaubriand, aurait été particulièrement et religieusement respectée.

Qui veut, à son aise, contempler du dehors[1] cette chambre célèbre, gravira l'escalier intérieur de la courtine Saint-Thomas. Après une quarantaine de pas, en tournant le dos à la mer, il verra devant lui deux pignons contigus donnant sur une terrasse dallée. Dans le mur du pignon, le plus à sa gauche, presque au ras du sol, s'ouvre une fenêtre, c'est là. Au-dessus de cette fenêtre, on lisait naguère en lettres d'or : *Ici est né Chateaubriand*[2].

Tout le monde connaît l'auteur du *Génie du Christianisme*, des *Martyrs*, de *Buonaparte et les Bourbons*, de *La Monarchie selon la Charte*, le poète en prose et l'écrivain politique. Nous ne lui ferons pas l'injure d'une biographie inutile et décolorée.

Pour de tels génies, il suffit d'un mot où il faut un livre.

---

1. On obtient assez facilement d'en visiter l'intérieur lorsqu'elle n'est pas occupée.

2. Il n'est pas sûr qu'il y naquit, mais il est sûr qu'il y habita. — On a mis en cette chambre une table, un lit, des meubles de l'époque, le portrait de Chateaubriand, ses armes et sa devise. Un Christ d'ivoire, qu'on croit lui avoir appartenu, s'y trouvait, il y a quelques années.

MAISON DE CHATEAUBRIAND

CHATEAUBRIAND (Place et rue)

La *place Chateaubriand* est la place pavée qui s'étend, devant le Château, depuis la porte Saint-Vincent jusqu'à la tour Quic-en-groigne. Elle date du premier accroissement et fut appelée indifféremment, *place Saint-Vincent* ou *place Saint-Thomas,* en raison du voisinage de ces deux portes [1].

Pendant la Terreur, la place Saint-Thomas, alors *place de la Révolution,* devint le lieu des exécutions capitales, et la guillotine y resta en permanence.

En 1875, lorsque la statue en bronze de Chateaubriand, par Aimé Millet, eut été érigée sur la place Saint-Thomas [2], cette place prit et garda désormais le nom de *place Chateaubriand.*

Avec elle ne doit pas être confondue la *place du Château,* place sablée et plantée de beaux platanes qui fut créée sur les douves intérieures de la forteresse.

La *rue Chateaubriand,* d'abord *rue de Buhen,* puis *rue des Juifs,* s'adossait jadis à la vieille enceinte. L'agrandissement de 1737 la dégagea au Nord, laissant

1. Revoir *Chapelle Saint-Thomas,* Chapitre III, p. 157. — *Hôtel-Dieu,* Chapitre IV, p. 212. — *Les anciennes portes,* Chapitre II, p. 61.

2. Cette statue a été transférée, en 1881, dans le *square du Casino,* nommé dès lors *square Chateaubriand.*

entre elle et les nouveaux remparts l'espace vide, dit *Travaux-Saint-Thomas*. Actuellement, elle va de l'Hôtel de France à la rue Jean de Châtillon. L'origine de son nom s'explique d'elle-même.

CHIENS (Venelle aux)

Dès l'an 1155, Saint-Malo entretint une troupe de vingt-quatre dogues [1] appelés les *Chiens du Guet*. Ils n'étaient pas, comme on l'a dit, destinés à défendre la ville, mais à rôder, la nuit, par les grèves pour écarter les maraudeurs qui venaient voler sur les navires échoués dans le port.

Chaque soir, à la fermeture des portes, le chiennetier attachait ses dogues : de mer haute, à l'entrée du Sillon et de mer basse, au pont de la Balise [2]. Quand le couvre-feu finissait de tinter, il les lâchait. Le matin, une heure avant le jour, ce gardien les rappelait au son d'une trompette de cuivre, leur donnait la soupe et les enfermait jusqu'à la nuit en leur niche ou chenil. Le chenil exista longtemps, entre la rue Garangeau et la rue Saint-Thomas, dans la ruelle étroite, appelée pour cette raison *Venelle aux Chiens*. Plus tard (1674), on logea les dogues sous le bastion de La Hollande [3]; puis on leur construisit, sur le Sillon, un abri, dit *Cabane des Chiens*.

1. Nombre réduit, dans la suite, à quinze, puis à douze.

2. Communément nommé *Pot aux Chiens* par abréviation de *Poteau aux Chiens*. Près de l'écluse.

3. Cette niche voûtée existe encore, à gauche, côté ville, de la porte Saint-Pierre.

Une horrible aventure fit supprimer cette étrange police. Le 7 mars 1770, un jeune officier de marine, Ansquer de Kerouarts, s'obstinant à rentrer en ville, malgré l'heure avancée, fut attaqué, déchiré, dévoré, par la meute furieuse.

Les juges baillis des eaux firent empoisonner les Chiens du Guet.

MAISON DE LA DUCHESSE ANNE

COUR LA HOUSSÂYE

Sorte de petite place irrégulière. Y aboutissent la rue Jean de Châtillon, la rue Chateaubriand et l'escalier de la rue de la Victoire. Ce nom de *Cour La Houssaye* lui vient de ce que la famille Potier de La Houssaye possédait les maisons voisines.

A gauche, en entrant par la rue Jean de Châtillon, une de ces maisons représente probablement la plus ancienne maison de pierre qui subsiste à Saint-Malo. C'est une construction d'époque incertaine, très massive, en moellons non crépis, flanquée d'une tourelle d'escalier au sommet octogone, aux lucarnes étroites. On la nomme communément *Maison de la duchesse Anne* parce que la fière duchesse y aurait logé vers la fin du xve siècle, quand elle vint surveiller les travaux du Château. Catherine de .Médicis y aurait habité aussi lors de son voyage à Saint-Malo en 1570. Les reines, il faut l'avouer, se contentaient, en ces temps-là, de modestes palais.

La Cour La Houssaye occupe l'emplacement des douves du château Gaillard et de sa porte principale [1].

1. V. *Château Gaillard*, Chapitre II, p. 69.

CRÓIX DU FIEF (La)

Place et carrefour. Face au Sud-Ouest, on y a devant soi la rue Porcon de la Barbinais ; derrière soi, la rue Saint-Vincent ; à gauche, la place de la Poissonnerie ; à droite, la rue Jean de Châtillon.

Entre cette dernière rue et la rue Saint-Vincent, est située la maison pittoresque, au pan coupé de laquelle se trouvent, côte à côte, source d'eau vive et source de grâce, une fontaine et une statue de la Vierge. Maison, fontaine et statue, datent de 1819. La place est beaucoup plus ancienne.

C'était là, en effet, qu'avant le premier accroissement (1708), finissaient, à l'anse de *Mer bonne*[1], les remparts et la ville ; c'était là que s'ouvrait sur les grèves l'antique poterne de la Blâtrerie. Lors, près de cette poterne, juste vis-à-vis de la fontaine actuelle, se dressait une grande croix : *La Croix du Fief*.

Fameuse était jadis La Croix du Fief.

Elle marquait le commencement du fief épiscopal hors des murs, qui s'étendait très loin, jusqu'à la

---

1. L'anse ou port de Mer bonne couvrait autrefois, de la Grand'Porte au Château, tout le quartier Saint-Vincent actuel. La rue *Canal de Mer bonne* en conserve le souvenir. — Revoir *Les Quais*, p. 32 ; *La première enceinte*, p. 49 ; *Les accroissements*, p. 87.

Croix de Mi-Grève[1]. Au pied de La Croix du Fief, le Prévôt du seigneur évêque, à cor et à cri, avertissait les vassaux de vouloir payer taxes et redevances. Au pied de La Croix du Fief, le Pénitencier sommait, chaque année, les Juifs de « vider la ville » pendant la semaine sainte « où par eux souffrit Jésus[2] ».

Voilà quelle est l'origine du nom La Croix du Fief, que porta si longtemps la place ci-dessus décrite, nom presque oublié aujourd'hui[3].

1. Sur la Croix de Mi-Grève; V. *Les Mielles*, p. 41, note.
2. Les Juifs, parqués plus tard dans la *rue des Juifs*, furent dispensés de cet exode.
3. L'enseigne d'un magasin de chaussures en conserve pourtant le souvenir.

DINAN (RUE DE)

L'une des principales rues de Saint-Malo ; elle va de la porte de Dinan à la place du Marché aux Légumes. Comme par cette rue, par cette porte et par la Rance avaient lieu jadis avec Dinan les communications les plus directes, rue et porte prirent à la longue le nom de la susdite ville. Elles l'ont gardé [1].

La rue de Dinan actuelle englobe trois anciennes rues, deux très vieilles et une relativement récente.

Du Marché aux Légumes, ou de la rue Broussais, à la place Brevet, la section Nord était autrefois appelée *rue de la Vicairerie* [2].

La section médiane, sous le nom de *rue de Brevet* [3], se continuait de la place Brevet jusqu'à la poterne de ce nom, c'est-à-dire jusqu'à la hauteur des rues d'Estrées et des Vieux-Remparts [4].

1. Le nom de Dinard leur conviendrait mieux aujourd'hui.
2. Au temps de l'évêché et du Chapitre, le presbytère ou *Vicairerie* se trouvait en cette rue.
3. La rue de Brevet a disparu. La *place Brevet* existe encore : on y voit un puits, plusieurs fois réparé, mais fort ancien. Sur cette place se tient aujourd'hui le Marché aux Fleurs. — L'origine du nom de Brevet demeure inconnue.
4. Ces deux rues, couvertes autrefois par la première enceinte, datent du deuxième accroissement (1714).

La *rue d'Estrées* fut nommée ainsi en l'honneur de Victor-

Enfin, la section Sud, section qui, depuis le deuxième accroissement, descend de la rue d'Estrées à la porte de Dinan, fut nommée d'abord *rue de Coetquen*, en l'honneur de Malo-Hercule de Coetquen, gouverneur pour le roi de la ville et du Château. Cette partie neuve de la rue de Dinan est bordée par les plus somptueux des hôtels malouins.

Celui qu'on aperçoit au coin de la rue Saint-Philippe mérite un double souvenir : c'est l'hôtel Beaugeard. Presque inconnue maintenant, cette famille eut, vers la fin du XVIIIᵉ siècle, un moment de célébrité.

Trésorier des États de Bretagne et riche armateur, Pierre Beaugeard fit construire à Solidor, sur le modèle d'un vaisseau de 74, le plus grand navire sorti de nos chantiers, le *Filz-James*, 1,500 tonneaux, destiné au commerce des Grandes Indes [1] (1773).

Un fils du précédent, Nicolas Beaugeard, secrétaire des commandements de Marie-Antoinette, con-

Marie duc d'Estrées, maréchal de France, vice-amiral du Ponant et lieutenant général de Bretagne.

Le nom de *rue des Vieux-Remparts* s'explique assez de lui-même.

1. En souvenir de cet événement, les charpentiers de la Goëletterie élevèrent aux confins de leur village, à la « croisée » des routes de Troctin et des Flouries, une belle croix de bois, plusieurs fois renouvelée, mais qu'on nomme toujours, dans le pays, *La Croix-Beaugeard*.

sacra sa fortune et sa vie au service de la maison royale. Pour arracher Louis XVI à l'échafaud, il risqua, le 21 janvier 1793, une audacieuse tentative qui faillit réussir. Beaugeard put s'échapper. Nous le retrouvons, en 1818, secrétaire de la duchesse d'Angoulême.

Robert Surcouf, le fameux corsaire, acheta l'hôtel Beaugeard et l'habita longtemps.

DUGUAY-TROUIN (Maison de)

Près du lieu dit La Croix du Fief, au n° 2 de la rue Jean de Châtillon, tient encore debout une maison du XIII° siècle, à la façade tout en poutres noircies par le temps, tout en fenêtres vitrées de petits carreaux : maison de bois et maison de verre. Au-dessus de la porte, sous des armoiries effacées, on lit cette inscription : *Ici est né Duguay-Trouin.*

S'il faut en croire l'inscription et la tradition, c'est au second étage de cette demeure que, le 10 juin 1673, naquit de Marguerite Boscher et de Luc La Barbinais-Trouin, armateur et capitaine corsaire, le futur vainqueur de Rio-Janeiro. Mis en nourrice au Gué[1], où sa famille possédait une « maison des champs », René Trouin joignit plus tard à son nom celui de ce village, et signa *Dugué-Trouin* (1694), puis *Duguay-Trouin*[2].

La France, l'Europe et les mers allaient bientôt connaître ce nom.

Élève des Jésuites de Rennes, destiné d'abord à l'Église et tonsuré, matelot volontaire en 1689, capitaine corsaire à dix-huit ans (1691), René Duguay-

---

1. Village, près de Paramé.

2. Dans la seconde moitié du XVI° siècle et au XVII°, c'était l'usage, à Saint-Malo, de placer le nom de terre devant le nom patronymique : *La Barbinais-Trouin, Beauvais-Le Fer, La Cité-Danycan, Belle-Isle-Pépin, Duclos-Pinot.*

Trouin fut admis, dès 1697, dans la marine royale. Mais, capitaine de frégate ou capitaine de vaisseau, il resta corsaire, et les navires qu'il commanda, même les vaisseaux du roi[1], furent toujours armés aux frais et risques des particuliers.

Trop célèbres et trop nombreux sont les exploits de Duguay-Trouin pour être racontés ici. Une phrase des lettres de noblesse par lui reçues, en 1709, les résume éloquemment : « Depuis qu'il s'est adonné à la marine, il a pris plus de trois cents navires marchands et vingt vaisseaux de guerre ou corsaires ennemis. » Rappelons que, deux ans après, il prenait une capitale, la capitale du Brésil portugais.

Chef d'escadre (1715), membre du Conseil des Indes (1723), lieutenant général des armées navales et commandeur de Saint-Louis (1728), Duguay-Trouin couvert d'honneur, mais aussi d'infirmités, se renferma, dès 1731, dans une vie digne et tranquille, tantôt à son petit manoir de la Haute Flourie[2], tantôt à Paris, où il venait plaider la cause de ses anciens officiers.

Il y mourut presque pauvre, le 27 septembre 1736, ne laissant d'autre postérité que ses victoires.

1. Sur la location aux corsaires des vaisseaux du roi, V. *Introduction*, p. 14.

2. Près de l'anse de Troctin, en Saint-Servan. Cette propriété, qui existe encore, est appelée aujourd'hui *Duguay-Trouin*. — Robert Surcouf l'habita quelque temps avant de s'installer à Riancourt.

MAISON DE DUGUAY-TROUIN

DUGUAY-TROUIN (Place)

Ancien jardin de l'évêché. Le palais épiscopal étant devenu propriété de la ville (1791), partie de ses jardins fut transformée en place publique, sablée et plantée de deux doubles rangées d'arbres. La place reçut le nom de *Commune* ou de *Grande Commune* pour la distinguer de la *Petite Commune*, aujourd'hui *Place de l'Hôtel-de-Ville*, autrefois cour de l'évêché.

En 1809, une communication fut établie entre la rue du Boyer ou du Bey et la Commune, alors appelée *Place d'Armes*.

Sans monument central, la Commune semblait vide. Dès 1798, la municipalité s'était avisée d'y remédier. Par ses ordres, la belle statue de la *Foi*, arrachée à l'autel du couvent Saint-Benoît, fut érigée en statue de la *Liberté*, sur le piédestal de la Croix de Mission, transporté du Sillon à cet endroit. Énormité dont le bon sens et la piété populaire firent promptement justice.

Plus tard, des édiles mieux inspirés proposèrent d'élever au milieu de cette place la statue de Duguay-Trouin. Une souscription s'ouvrit. Le roi Charles X voulut s'inscrire en tête de la liste et fournit le bloc de Carrare que tailla, plus ou moins heureusement, le ciseau de Moïchnecht. L'inauguration eut lieu le 16 février 1829.

Depuis ce jour, la Place d'Armes est officiellement nommée *Place Duguay-Trouin*. Mais les vieillards parlent encore de la *Commune*.

Il y a quelque vingt ans, la place a été convertie en *square*.

Place Duguay-Trouin

FOSSE (RUE DE LA)

Cette rue finissait jadis près du n° 19 actuel, à l'enceinte de Jean de Châtillon, dont un pan de mur et une échauguette subsistent en ce même endroit. Au pied du rempart, s'ouvrait, ancienne carrière ou effondrement du rocher, une *fosse* profonde et béante. De là, le nom de *rue de la Fosse,* qui resta même après que la fosse eut été comblée et la voie prolongée jusqu'à la rue de Toulouse, lors du deuxième accroissement (1714). Cela s'explique fort bien.

Que de conjectures, au contraire, ont fait naître la maison portant le n° 19 et le fameux escalier de pierre qui, du seuil, monte à l'étage supérieur.

L'escalier commençait dans la fosse ; on s'accorde à le croire. Menait-il aux remparts, et la porte qu'on découvre, à droite, soutenue par deux robustes piliers était-elle une poterne de la ville ? Fut-il construit pour desservir la maison susdite, qui, en 1620, s'éleva sur les murs ? Autant d'hypothèses. L'une et l'autre sont vraisemblables si, au fond de la fosse, existait une issue donnant accès à la grève.

Et cette maison ? En vertu de quelle licence vint-elle ainsi chevaucher le rempart ? On l'appelle dans le quartier *Maison du Gouverneur.* Certes, son aspect est imposant, l'intérieur offre des traces de dorures :

peut-être un gouverneur l'a-t-il habitée. Le fait, malheureusement, n'en dirait pas l'origine, car le premier
gouverneur qui, depuis 1578, résida hors du Château,
fut Malo-Hercule de Coetquen, vers 1717. Sur tous
les points, incertitudes.

Elles deviendront certitudes un jour. Le chercheur
trouve parce qu'il doute.

GOUIN DE BEAUCHÊNE (Rue)

Petite et vieille rue où se rencontraient encore il y a quelques années de pittoresques maisons en bois semblables à celles de la rue du Boyer, sa voisine. Elle était nommée, avant 1839, *rue de la Lancette* attendu que, tout jadis, y demeurait un chirurgien fameux qui traitait ses clients par de fréquentes saignées et, sans doute, les guérissait.

Son nom actuel est celui d'un illustre navigateur malouin.

Jacques Gouin de Beauchêne, plus exactement Beauchesne-Gouin, reçut, à la fin du xviie siècle, le commandement d'une expédition envoyée reconnaître la route du Pérou par le cap Horn[1]. Parti de La Rochelle en 1698, Gouin franchit le détroit de Magellan, longea les côtes du Chili, puis, au retour, doubla le cap Horn, le premier après celui qui l'avait découvert (19 janvier 1701), et rentra, cette même année, à La Rochelle.

Nous retrouvons ensuite Gouin de Beauchêne sénéchal de Saint-Malo et capitaine général des côtes ; mais la date de sa mort reste incertaine, comme celle de sa naissance.

1. On sait que Saint-Malo faisait alors avec le Pérou un immense et très profitable commerce.

GRAND'RUE

La Grand'Rue — certains disent Grande Rue — va de la Grand'Porte à la rue Porcon de La Barbinais.

Elle fut longtemps, sans doute, la principale rue de Saint-Malo, la première et l'unique voie montant du port au rocher. De là, et de là seulement, son nom, car la Grand'Rue n'a jamais été grande. Encore étroite aujourd'hui, elle avait autrefois juste la largeur d'une charrette.

Pour preuve de son antiquité, on y constate, dès le XIIe siècle, la tenue d'une Assemblée, dite la *Foire aux Sublets* [1], qui s'y continua jusqu'en l'année 1661, l'année du « Grand Incendie ».

Cette année-là, disparut dans les flammes la Grand' Rue du moyen âge.

Ainsi que la plupart des rues voisines, la Grand'Rue était alors bordée de maisons en bois, dont quelques-unes couvertes en joncs ou en chaume. Si l'on joint à cette circonstance l'absence de moyens de secours efficaces, on s'imaginera facilement l'horreur et l'éten-due du sinistre.

La « brûlerie » commença, tout en haut de la rue,

----

[1] Ou aux *Sifflets*, parce que, parmi les jouets d'enfant qu'on y vendait, cet instrument était en faveur.

La Grand'Rue

le 27 octobre 1661, à cinq heures du soir, chez Marie
de Bordeaux, veuve Charnacé. Une bassine, pleine
de térébenthine ou de goudron, se renversa sur le
foyer, inondant meubles et plancher du liquide en feu.
L'incendie, gagnant de proche en proche, ne s'arrêta
qu'à la place du Pilori, à l'endroit où la municipalité
fit planter, en 1664, une borne commémorative. La
Chantrerie elle-même, située près de la Cathédrale,
ressentit les atteintes du feu. Deux cents maisons
furent anéanties. A la suite de ce désastre, le roi, par
édits des 7 et 22 décembre 1661, défendit de « bâtir
dorénavant en bois » à Saint-Malo.

Des deux côtés de la rue déblayée et élargie, s'élevèrent alors, sur un type à peu près uniforme, ces
hautes maisons aux pignons pointus, aux fenêtres,
trois par trois accolées, qui donnent à la Grand'Rue
actuelle son aspect original.

JACQUES CARTIER (Rue et place)

Cette rue date du premier accroissement (1708) et longe les remparts, depuis la porte Saint-Vincent jusqu'à la Grand'Porte. Elle était appelée jadis *rue de la Vieille-Beurrerie,* parce que sur la petite place de *la Beurrerie,* près la Grand'Porte, se tint longtemps le marché au beurre.

Rue et place reçurent, en 1839, le nom du célèbre navigateur malouin.

Il est en effet généralement admis que Jacques Cartier naquit à Saint-Malo[1], rue de Buhen[2], de Jamet Cartier et de Jesseline Jansart. Jacques y mérita bientôt la réputation d'un vertueux et très habile marin. Chargé par le roi François Ier d'explorer les *Terres neuves*[3] de l'Amérique du Nord, il appa-

1. Des doutes commencent à s'élever parmi les savants : les uns le font naître à Paramé; d'autres à Saint-Servan, alors, il est vrai, faubourg de Saint-Malo. Le champ reste ouvert aux hypothèses et aux recherches, car l'acte de naissance de Jacques Cartier n'existe pas.

2. Tirait ce premier nom d'une maison appartenant au sieur de Buhen; est devenue la *rue des Juifs,* puis la *rue Chateaubriand.* — La maison des Cartier était située sur l'emplacement où s'éleva, dans la suite, l'hôtel des Chateaubriand. Si Jacques y est né, cette petite rue posséda deux illustres berceaux.

3. Déjà fréquentées par les pêcheurs bretons.

reilla, le 20 avril 1534, avec deux barques jaugeant l'une et l'autre 60 tonneaux et dont les équipages réunis comptaient 122 hommes. Ce fut sur ces frêles esquifs que Jacques Cartier atteignit l'embouchure du Saint-Laurent et en prit possession au nom de la France. De retour à Saint-Malo, le 5 septembre 1534, il en repartit, le 19 mai 1535 [1], conduisant cette fois trois navires : la *Grande Hermine* de 120 tonneaux, la *Petite Hermine*, de 60, et une galiotte de 40, l'*Émérillon*. En ce voyage, Cartier, remontant le Saint-Laurent découvrit le Canada et nomma *Mont-Royal* l'île montagneuse où les Français fondèrent plus tard la ville de Montréal (1640).

A la suite d'une troisième expédition (1541-1542) Jacques reçut-il, ainsi qu'on l'a dit, ses lettres de noblesse ? Le fait n'est pas certain. Sans doute, Cartier se titrait seigneur de Limoilou ; mais c'était un commun usage parmi les bourgeois aisés de joindre à leur nom celui de leur terre.

Ordinairement, Jacques habitait son manoir de Limoilou, entre Paramé et Saint-Coulomb [2]. Peut-

1. Dans le chœur de la cathédrale une inscription en mosaïque, due à M. Honoré Mercier, ministre de Québec, marque, depuis 1891, la place où Cartier s'agenouilla, sous la bénédiction de l'évêque (16 mai 1535), avant de partir pour ce second voyage.

2. Il en subsiste une porte ceintrée, surmontée d'un écusson rongé par le temps. On l'appelle les *Portes Cartier*.

être est-ce là qu'il mourut, le 1ᵉʳ septembre 1557, parrain de nombreux filleuls, mais sans postérité [1].

Quelques débris retrouvés dans la rivière Saint-Charles et attribués à la *Petite Hermine* que Cartier avait été forcé d'abandonner, en 1536, ont été offerts à la ville de Saint-Malo par les membres de la Société historique de Québec. Ces précieuses épaves sont conservées au Musée.

Un tableau de Jacques Cartier, debout sur le pont de son navire, l'œil sondant l'horizon, décore la Salle des grands hommes.

Et les Malouins destinent au découvreur du Canada un monument plus en vue et plus grandiose. Une souscription est ouverte pour dresser, en granit et en bronze, sur le bastion de La Hollande, la statue colossale de Jacques Cartier.

1. Jacques avait épousé, vers 1520, Catherine des Granches ou des Granges. Elle ne lui donna pas d'enfants.

JEAN DE CHATILLON (Rue)

Jean de Châtillon naquit vers l'an 1098. Entré de bonne heure dans les ordres, chanoine régulier de Bourg-Moyen, près Blois, longtemps abbé de Sainte-Croix de Guingamp, il fut élu par le peuple d'Aleth au siège de cette ville, vacant depuis huit années, et fut sacré, à Rome, par le pape Lucius II (1144).

Le nouvel évêque trouva sa ville épiscopale presque déserte. Les habitants d'Aleth avaient abandonné la vieille cité pour le rocher voisin qu'ils regardaient comme un asile plus sûr. Jean de Châtillon résolut donc de transférer à Saint-Malo le siège de l'évêché.

Ce ne fut pas sans peine.

Un évêque d'Aleth, Benoît II ou Judicaël, avait concédé aux Bénédictins de Noirmoutiers l'île entière de Saint-Malo et son église (1108). Les Bénédictins, estimant cette donation très en règle, ne voulaient rien rendre. Jean de Châtillon protestait qu'un évêque ne peut aliéner validement tout ou partie de son diocèse[1]. De là, appels sur appels au Saint Père, un procès qui dura des années, pendant lequel Jean accomplit quatre fois, à pied, le voyage de Rome. Vainqueur enfin, grâce à l'appui de saint Bernard et

---

1. Il invoquait un canon du concile de Valence (374).

du pape Eugène III, il congédia les moines (1152), agrandit l'église, devenue sa cathédrale, et entoura la ville d'une muraille continue, modeste commencement des enceintes futures. Jean de Châtillon est le véritable fondateur de Saint-Malo.

Manants, bourgeois et princes pleurèrent la mort du grand évêque (1er février 1163). Son corps fut inhumé dans le nouveau chœur de la cathédrale, du côté de l'Évangile, en un tombeau protégé par une grille de fer contre les pieux larcins des fidèles, circonstance qui valut à Jean de Châtillon le nom, mieux connu chez nous, de *Jean de la Grille*. La voix populaire en faisait un saint ; l'Église l'a mis au nombre des bienheureux. Ses reliques ont été récemment déposées dans un caveau de marbre, sous le maître-autel du chœur (août 1900).

Dès 1839, l'ancienne *rue de la Corne de Cerf*[1] fut appelée *rue Jean de Châtillon*. Elle va de La Croix du Fief à la rue Chateaubriand.

On y voit, au n° 2, la maison de Duguay-Trouin.

Plus loin, exista un couvent du xiie siècle, dit *Couvent des Moines rouges,* surnom que le peuple donnait aux Templiers à cause des larges croix rouges qu'ils portaient sur la poitrine et sur le côté gauche

---

1. Ainsi nommée à cause d'une auberge dont l'enseigne portait une tête de cerf avec sa ramure.

du manteau [1]. Ce couvent, qui occupait sans doute un espace considérable, est, en grande partie, disparu. On croit en retrouver de curieux vestiges dans et derrière la maison du n° 12 : des caves servant aujourd'hui d'écuries, de hautes murailles percées de fenêtres grillées, des passages pratiqués dans l'épaisseur des murs. L'immeuble est désigné sur l'acte de vente, *Château des Moines rouges*.

1. Certains auteurs attribuent ce nom de *Moines rouges* aux moines de Noirmoutiers, qui portaient aussi une croix rouge sur l'habit.

LA METTRIE (Rue de)

Avant le troisième accroissement, elle se terminait rue des Cordiers aux vieux remparts de l'Est. Depuis 1721, elle se prolonge jusqu'à la rue de Chartres[1].

Julien Offray de La Mettrie, qui lui a donné son nom, fut un bon médecin et un mauvais philosophe.

Une *Histoire naturelle de l'âme*, ouvrage matérialiste, publié en 1745, lui fit perdre sa place de médecin aux gardes françaises avec l'estime des gens religieux et sensés. La *Politique du médecin Machiavel*, satire atroce contre ses confrères, lui valut des haines implacables. Obligé de s'enfuir à Leyde pour éviter la Bastille (1746), il vint, de là, s'établir en Prusse, où l'appelait son compatriote Maupertuis. Frédéric II fit de La Mettrie son lecteur, son médecin et son ami.

Né à Saint-Malo le 25 décembre 1709, La Mettrie mourut à Berlin le 11 novembre 1751. Par bonheur, au dernier moment, sa foi malouine se réveilla, et le philosophe impie mourut en chrétien.

1. Toutes les rues ouvertes le long des remparts, lors du second et du troisième agrandissement, tirèrent leur nom de la famille d'Orléans : *rue Saint-Philippe* et *rue d'Orléans*, en l'honneur de Philippe, duc d'Orléans, régent de France ; *rue de Chartres* en l'honneur de son fils, Louis Ier, duc de Chartres.

MAHÉ DE LA BOURDONNAIS (Rue)

Réunissant sous une même appellation les anciennes rues *du Gras-Mollet* et *du Cheval-Blanc*, la rue Mahé de La Bourdonnais commence rue de la Victoire et finit au Fort la Reine.

Son nom actuel lui a été donné en souvenir du célèbre et infortuné rival de Dupleix.

Bertrand-François Mahé de La Bourdonnais naquit à Saint-Malo, le 11 février 1699, dans la rue du Gras-Mollet, dit-on. Entré fort jeune au service de la Compagnie française des Indes, il se signala au point d'être nommé, à trente-cinq ans, gouverneur des îles de France et de Bourbon. Le roman de *Paul et Virginie* n'a pas exagéré les bienfaits dont son administration combla ces colonies : elle y créa tout.

Lorsqu'en 1743 la guerre éclata entre la France et l'Angleterre, Mahé de La Bourdonnais, avec une flotte improvisée, vint secourir Dupleix, gouverneur des Indes pour la Compagnie. Mahé prit Madras aux Anglais (1746). Ce fut à cette occasion que s'éleva le malheureux conflit. Dupleix ordonna de raser Madras ; La Bourdonnais permit à la ville de se racheter moyennant 10 millions. Dupleix désavoua La Bourdonnais ; celui-ci emmena ses vaisseaux. Lequel eut tort ? Tous deux eurent le tort de ne pas s'entendre ;

mais tous deux pouvaient être de bonne foi. Tous deux avaient une politique et des instructions différentes ; tous deux se considéraient chefs indépendants et suprêmes, l'un dans les Indes, l'autre dans les îles africaines et sur les mers. Ce n'est pas seulement au XVIIIe siècle qu'on a vu pareilles mésintelligences.

Quoi qu'il en soit, Dupleix se plaignit de La Bourdonnais, et Dupleix, puissant alors, fut écouté.

Mandé à la Cour pour répondre aux accusations portées contre lui, jeté à la Bastille, sans avoir pu plaider sa cause, Mahé de La Bourdonnais, après quatre années d'agonie, parvint à se justifier[1]. Il ne

---

1. Un point restait obscur. Accusé, dans son procès, d'avoir reçu Madras à rançon, moyennant un cadeau secret de 100,000 pagodes, — un million, — La Bourdonnais se disculpa et fut acquitté sur ce chef, comme sur tous les autres.

Mais voici que, récemment, un ouvrage du colonel anglais Malleson, — *Les Français dans les Indes*, 1874, — annonça qu'il existait aux archives de l'*India house, Law case*, n°.31, des pièces contenant promesse à Mahé de La Bourdonnais d'un million en or, s'il consentait au *rançonnement* de Madras. Un *fait nouveau* venait-il de se produire ? Beaucoup d'historiens le crurent, et des meilleurs. Puis, réflexion vint que le colonel Malleson ne publiait pas les pièces. Il fallait recourir aux documents originaux ; chose malaisée car l'*India house* ne s'ouvre pas à tout le monde.

Cependant, grâce aux actives et patientes démarches du Président de la Société historique de Saint-Malo, M. l'avocat Herpin, qui achève en ce moment un travail très documenté sur Mahé de La Bourdonnais, le dossier est enfin sorti des

jouit pas longtemps de la liberté qui lui fut rendue et mourut quelques mois plus tard, de « cœur brisé » (1753).

cartons (avril 1902). Or, de son étude approfondie, que M. Herpin a bien voulu nous communiquer, il résulte :

1° Que les pièces constituant la *Law case*, n° 31, datées du 3 mars 1752, ont figuré dans le procès instruit contre Mahé de La Bourdonnais. Il n'y a donc pas de *fait nouveau*.

2° Que *si*, d'après la déposition d'un certain Mr. Manson, le Conseil de Madras convint de payer une somme de 100,000 pagodes à Mahé de La Bourdonnais, *cette somme*, d'après la même déposition, *n'avait pas été exigée par ce dernier comme condition du rançonnement de la ville*. Phrase qui aura sans doute échappé au colonel Malleson.

3° Que, du reste, cette déposition de Manson n'a jamais été ratifiée par le Conseil de Madras et qu'elle a été énergiquement contestée par Mahé de La Bourdonnais dans son procès de Paris.

4° Qu'enfin, des pièces de ce procès, il semble clairement ressortir que Mahé ne voulut point toucher les 100,000 pagodes, car il s'embarqua quelques heures avant le dîner où il savait qu'on devait les lui verser, d'où son acquittement.

L'honneur de notre compatriote est vengé.

MAUPERTUIS (Rue).

Le 17 juillet 1698, naquit à Saint-Malo Pierre-Louis Moreau de Maupertuis. Ce futur mathématicien et philosophe servit d'abord dans les mousquetaires gris, puis acheta une compagnie au régiment de La Roche-Guyon. Mais il quitta bientôt l'armée pour s'adonner exclusivement aux mathématiques et fut élu, à vingt-cinq ans, membre de l'Académie des Sciences.

Chargé par le ministre Maurepas d'une mission destinée à déterminer la figure de la terre, Maupertuis répondit avec modestie « qu'il n'était point très sûr de mesurer exactement sa chambre ». Il n'en mesura pas moins un degré du méridien entre Torneo et Kittis, près du cercle polaire arctique (1736). Ce qui lui valut ce quatrain de Voltaire, alors son ami :

> Ce globe mal connu, qu'il osa mesurer,
> Devient un monument où sa gloire se fonde.
> Son sort est de fixer la figure du monde,
> De lui plaire et de l'éclairer.

Honoré de l'amitié de Frédéric II, qui l'attira près de lui, réorganisateur et président de l'Académie de Berlin (1740), membre de l'Académie française (1743), Maupertuis ne put supporter les railleries de Voltaire avec lequel il s'était brouillé. La *Diatribe du docteur*

Akakia lui rendit intolérable le séjour de Berlin et abrégea sa vie.

Il s'éteignit à Bâle, chez son ami Bernoulli, le 27 juillet 1759, rachetant par une mort chrétienne ses jours d'incrédulité.

La rue Maupertuis est une impasse, fermée à l'Ouest par un bâtiment de l'Hôtel-Dieu. Avant le second accroissement et l'ouverture de la rue d'Estrées, elle touchait presque aux remparts du Sud. On ignore le nom qu'elle portait à cette époque. Son unique souvenir du passé est l'ancienne Maison de la Providence des pauvres [1].

1. V. ce nom, Chapitre III, p. 173.

POISSONNERIE (Rue et place de la)

La rue de la Poissonnerie, longtemps *rue des Merciers*, prend vers les deux tiers de la Grand'Rue, à droite en montant. Elle se terminait originairement près de la Halle actuelle, aux remparts de Mer bonne, sous la tour de la Poissonnerie. Depuis le premier accroissement, elle finit rue Sainte-Marguerite.

Rue de la Poissonnerie n° 11, se trouve la célèbre maison de *la Moune*.

Voici le fait qui lui valut ce nom.

C'était en 1774. Un capitaine au long-cours avait rapporté des colonies une guenon apprivoisée, de l'espèce *Mone* ou *Moune*, sorte de singe à longue queue. Or, de la chambre du capitaine, cette Moune voyait souvent, dans la mansarde voisine, une maman prendre au berceau son poupon, le promener et le dorloter en ses bras. Le singe est, de sa nature, imitateur. Par la fenêtre laissée ouverte, la Moune entre un jour dans la mansarde, saisit le poupon, s'échappe avec lui sur la gouttière et s'empresse à son tour de le caresser. On ne sait comment aurait fini l'affaire, si une femme, attirée par les cris et le désespoir de la mère, n'avait eu l'heureuse idée de monter à la maison d'en face avec un enfant dans les bras, de le bercer ostensiblement devant la Moune, puis de le déposer sur un lit. La Moune se hâta d'imiter l'acte et de reporter le poupon à sa mansarde et à son berceau. L'histoire est authentique ; l'enfant, qui se nommait Toussaint Thomas, vivait encore, vers 1832, à Saint-Servan.

En mémoire de l'aventure, on plaça sur la gouttière une guenon de granit berçant un enfant dans ses bras.

Cette grossière et bizarre figure devint bientôt un épouvantail et un arbitre populaire. Les mamans en menaçaient leurs marmots criards ; et les « Poissonnières » d'il y a cinquante ans, — elles sont aujourd'hui beaucoup plus polies, — l'invoquaient éloquemment en leurs discussions avec leurs clientes : « Hé, la Moune, viens donc donner à Madame des plies comme ça pour quatre sous ! »

La place de la Poissonnerie comprend le carré irrégulier au milieu duquel s'élève la Halle aux Poissons et l'espace qui s'étend entre cette Halle et La Croix du Fief.

PORCON DE LA BARBINAIS (Rue)

Pierre Porcon, sieur de La Barbinais, naquit en 1639 à Saint-Malo.

Capitaine d'une frégate armée par les Malouins pour protéger leur commerce du Levant, La Barbinais croisait dans les eaux barbaresques, lorsque, subitement assailli par de nombreux pirates, il fut pris avec son navire et conduit à Alger (1665). Une tradition constante, — une légende selon quelques-uns, — rapporte que le Dey, bloqué, cette même année, et menacé d'un bombardement par la flotte de Beaufort, envoya son prisonnier proposer la paix à Louis XIV, mais après lui avoir fait jurer de revenir s'il échouait en sa mission. La vie de son équipage et de tous les captifs chrétiens répondait du serment prêté. Les propositions du Dey n'étaient pas acceptables. Porcon de La Barbinais conseilla généreusement au roi de les refuser, et, fidèle à sa parole, retourna se livrer aux Algériens. Peu touché d'une loyauté si rare, le Dey lui fit couper la tête (1667).

La Barbinais mourut célibataire. Les tableaux ou gravures qui représentent le héros recevant les adieux de sa femme et de ses enfants constituent donc une erreur nouvelle à mettre au compte de l'Histoire par l'Image.

Trois anciennes rues se faisant suite, la rue de
La Croix du Fief, la rue de *la Vieille-Boulangerie,* la
rue du *Pilori,* ont reçu l'unique dénomination de *rue
Porcon de La Barbinais* en l'honneur du Régulus
malouin.

On remarquera, rue Porcon de La Barbinais :
1° dans la partie basse, autrefois appelée rue de La
Croix du Fief, la maison, très modernisée, qui porte
le n° 35 ; c'est la maison de Frotet La Landelle où
se réunirent les conjurés qui s'emparèrent du Château
en 1590 ; 2° dans la partie haute, jadis rue du Pilori,
au coin de la rue de la Vieille-Boucherie, la belle
maison de pierre à pignon aigu, portant le n° 3, c'est
une des premières, sinon la première, qui fut rebâtie
après le « Grand Incendie » de 1661.

ROBERT SURCOUF (Rue)

Jadis appelée rue du *Poussier-Carré* parce qu'avant le deuxième accroissement, elle finissait, près du couvent Saint-François et des vieux remparts, à une petite place quadrangulaire servant de dépôt provisoire aux « poussiers » ou ordures ménagères de la ville. En 1839, cette vilaine rue reçut le beau nom de Robert Surcouf.

Né à Saint-Malo le 12 décembre 1773, Surcouf descendait d'une vieille famille irlandaise, émigrée en France après la première révolution d'Angleterre. Un de ses ancêtres, un Robert Surcouf aussi, avait, sous Louis XIV, marqué parmi nos corsaires, et, par sa mère, le jeune Robert était parent de Porcon de La Barbinais et de Duguay-Trouin.

Bon sang ne pouvait mentir. A treize ans, Surcouf naviguait sur un caboteur ; à vingt-deux ans, il commandait, dans les eaux des Seychelles, un navire armé en guerre (1795).

Il faut lire ses belles et fructueuses campagnes à bord de la *Clarisse*, de la *Confiance* et du *Revenant*, les surprises et les ruses, les abordages audacieux du *Triton* et du *Kent*, le commerce anglais bloqué dans le Gange, nos colonies ravitaillées, les retours triomphants aux ports de la métropole. Nous n'essaierons pas de les énumérer. Surcouf est encore un de ces hommes dont une incomplète biographie déflore la gloire.

Enrichi par la course durant la guerre (1795-1814) et par le négoce durant la paix, maître d'une grande fortune qu'il ne gaspilla pas, aimé de ses concitoyens pour sa franchise un peu brusque et sa générosité sans égale, Robert Surcouf mourut, le 8 juillet 1827, à Riancourt, sa maison de campagne, en Saint-Servan.

On lui fit des funérailles grandioses. Comme il avait exprimé le désir d'être inhumé au tombeau de famille, dans le cimetière de Saint-Malo, son cercueil placé sur une embarcation tendue de noir, remorquée et suivie par de nombreux canots, pleins de ses amis, de ses vieux marins et de soldats en armes, traversa le bras de mer qui sépare les deux villes, tous les navires ayant leurs vergues apiquées et leur pavillon à mi-mât.

Le *Roi des Corsaires* méritait de recevoir les derniers honneurs sur l'élément témoin de ses bravoures.

De nos jours encore, plusieurs petits-enfants et arrière-neveux continuent, sans faillir, le nom de Robert Surcouf.

SAINT-VINCENT (Rue)

Nous avons eu déjà plusieurs fois l'occasion d'écrire, et nous répétons ici, que la rue Saint-Vincent, la porte, le quartier, reçurent le nom du martyr à qui l'évêque Hélocar dédia, au IXe siècle, l'église et l'île entière. Nous répétons également que tout ce quartier a été construit, de 1708 à 1710, sur l'emplacement comblé et desséché du port de *Mer bonne*, qui se creusait jadis entre la Grand'Porte, La Croix du Fief et la rue Garangeau[1].

De grands hôtels, fastueux spécimens de notre architecture corsaire, bordent les deux côtés de la rue Saint-Vincent.

Parmi les plus beaux, remarquez, à droite en montant, cet hôtel de granit sombre, aujourd'hui déplorablement défiguré par un bazar. C'est la noble demeure où naquirent les deux abbés de La Mennais, si diversement célèbres :

Jean de La Mennais (1775-1861), le pieux fondateur des Frères de l'Instruction chrétienne, dits Frères de Ploërmel.

Félicité de La Mennais (1782-1854) ou, comme il signa plus tard, Félicité Lamennais[2], l'auteur de

1. V. *Enceinte, Accroissements, Portes, La Croix du Fief.*
2. Le père de Jean et de Félicité, M. Robert Lamennais,

l'*Essai de l'Indifférence en matière de religion*, aussi
connu par ses livres éloquents, œuvres « d'aigle et de
lion », que par ses lamentables erreurs et sa chute
orgueilleuse.

riche armateur de Saint-Malo, fut anobli, en 1786, pour récom-
penser le désintéressement dont il fit preuve pendant l'affreuse
disette de l'année précédente, livrant, au prix coûtant, le blé
que ses nombreux navires avaient été acheter à l'étranger. Ses
lettres de noblesse le titraient Robert de La Mennais. Félicité,
devenu républicain, dédaigna la particule.

La Mennais était un petit domaine, sis en Trigavou, Côtes-
du-Nord. — Cette famille possédait aussi, sur la lisière de la
forêt de Coetquen, à deux lieues de Dinan, une maison de
campagne appelée *La Chesnaie*.

THÉVENARD (Rue)

Ainsi nommée en souvenir de notre compatriote Antoine-Jean-Marie Thévenard, né à Saint-Malo en 1733, mort à Paris en 1815.

Fils d'un capitaine de vaisseau de la Compagnie des Indes, Thévenard servit tout jeune sur le navire de son père (1747). Capitaine à son tour, en cette même Compagnie, il s'adonna passionnément à l'étude des constructions maritimes, reçut la direction des chantiers de Solidor et dota la France de ses premières canonnières (1757). Ses travaux et quelques brillants faits d'armes sur les côtes de Jersey lui valurent l'entrée de la marine royale (1769). Commandant du port de Lorient en 1779, chef d'escadre en 1784, il fut appelé par Louis XVI au ministère de la marine en 1791 et devint, l'année suivante, vice-amiral. L'Empire le fit sénateur et comte (1810); la Restauration le fit pair de France (1814).

La rue Thévenard porta longtemps le nom de *rue aux Herbes*, à cause de sa proximité du Marché aux Légumes. Elle est d'un aspect assez triste mais possède plusieurs anciennes maisons qui ne manquent pas de cachet.

TOULLIER (Rue)

Percée, sous la Révolution, à travers le Pourpris du Chapitre, le palais épiscopal et le couvent de Sainte-Anne, cette rue commence à la rue Danycan, longe la place de la Paroisse, passe devant l'Hôtel de Ville, le Tribunal, et finit à la porte des Champs-Vauvert.

La nouvelle voie fut d'abord appelée *rue Neuve,* puis *rue Louvel,* en mémoire de M. Claude-Guy Louvel, premier maire constitutionnel de Saint-Malo (1790-1791). En 1839, la proximité du Tribunal, récemment achevé, lui valut le nom de Toullier, professeur éminent et doyen de la Faculté de Droit de Rennes, auteur estimé du *Droit civil français suivant l'ordre du Code Napoléon.* Un grand jurisconsulte, mais qui n'est pas Malouin[1].

Toutes les maisons de la rue Toullier sont modernes, excepté : le n° 1 qui est l'ancienne Psallette ; le n° 3, qui est l'ancienne Pénitence, et le n° 5, qui est l'ancienne Théologale[2].

1. Charles-Bonaventure-Marie Toullier, naquit à Dol, le 21 janvier 1752.
2. V. *Pourpris du Chapitre,* p. 147.

TOULOUSE (Rue de)

Une des plus belles et la plus longue des rues de Saint-Malo.

Ouverte lors du deuxième accroissement, terminée lors du troisième (1714-1721), elle va, de rempart à rempart, de la rue Saint-Philippe à la rue de Chartres, coupant successivement les rues de Vauborel, de Dinan, Feydeau et d'Asfeld.

Le nom qu'elle porte depuis son origine lui fut donné, nullement en l'honneur de la capitale du Languedoc, mais en témoignage de reconnaissance pour Monseigneur Louis-Alexandre de Bourbon, fils légitimé de Louis XIV et de Mme de Montespan, comte de Toulouse et duc de Penthièvre, Amiral de France, lieutenant général des armées, « l'honneur, la vertu, la droiture, l'équité même. » Gouverneur de Bretagne, en 1697, il porta aux nues la défense de Saint-Malo contre les flottes anglaises et dota la ville des magnifiques pièces de gros calibre, qui, pendant plus d'un siècle, ornèrent et armèrent ses forts ainsi que ses bastions de l'Ouest et du Nord[1].

Vers le milieu de la rue de Toulouse, la caserne Saint-François occupe l'ancien couvent des Récol-

1. V. *Les Remparts*, p. 97, note.

lets[1]; à son extrémité Ouest, s'élève le nouvel établissement des Frères de la Doctrine chrétienne[2].

1. V. *Couvent et Chapelle Saint-François*, p. 169.
2. V. *École des Frères*, p. 202.

TRUBLET (Rue)

La rue Trublet dévale, par une pente rapide, de la rue de la Fosse à la rue des Cordiers.

Appelée d'abord *rue de La Chaise,* d'après un ancien maire de Saint-Malo, elle changea ce nom, en 1839, pour le nom plus connu de Nicolas-Charles-Joseph Trublet [1], sieur de La Flourie, chanoine-archidiacre du diocèse, membre de l'Académie française et de l'Académie de Berlin, né à Saint-Malo et mort en cette même ville (1697-1770).

Écrivain un peu maniéré, mais non sans valeur, l'abbé Trublet a laissé d'estimables ouvrages, notamment l'*Essai de littérature et de morale,* ouvrages beaucoup moins « compilés » que le prétendait Voltaire, — qui ne pouvait pardonner à l'auteur de « bailler en lisant la *Henriade.* »

Rien qu'avec des ratures, disait Dalembert, on ferait un chef-d'œuvre des livres de Trublet.

---

[1] Nicolas Trublet appartenait à l'une des plus vieilles familles du pays, puisque selon la tradition, elle existait déjà du temps où vivait saint Malo. De là, le dicton usité pour désigner une famille malouine d'ancienne race : « C'est aussi bon que Trublet. »

Son titre de sieur de La Flourie lui venait d'une maison de campagne, sise à la Haute Flourie, actuellement possédée par Mlle Bazin.

VINCENT DE GOURNAY (Rue)

Vincent de Gournay, dont cette rue porte le nom, fut un des grands économistes français du XVIIIe siècle.

Né à Saint-Malo, le 28 mai 1712, d'un des plus riches négociants de la ville ; initié aux affaires dans les comptoirs paternels de France et d'Espagne, il se trouva tout préparé pour la charge importante que devait un jour lui confier le roi.

Intendant du commerce (1751), Gournay se hâta de protester contre les doctrines, alors en faveur, de Quesnay et des *physiocrates* qui voyaient dans la terre ou dans l'agriculture l'unique source des richesses. Lui, ne plaçait pas *toute* la richesse dans la terre. Chef d'École des *ploutocrates*, il enseignait que l'industrie, favorisée par la libre concurrence et la liberté commerciale, ajoute beaucoup à la richesse d'un pays. Ainsi, plus de monopoles, plus de règlements, plus de prohibitions : « Laissez faire, laissez passer. »

L'industrie française perdit en Vincent de Gournay un habile et puissant protecteur (1759).

INDEX ALPHABÉTIQUE

∗

✳

❊

✳

FINI D'IMPRIMER LE 15 MAI 1902